KB033980

초등
영단어

하루 10단어 쓰기(5일)×20주

+ 20 WEEKLY TEST

하루 꼭!

365 따라 쓰기

초등 영단어
하루 꼭! 365
따라쓰기

저 자 이원준
발행인 고본화
발 행 반석북스
2023년 5월 10일 초판 3쇄 인쇄
2023년 5월 15일 초판 3쇄 발행
홈페이지 www.bansok.co.kr
이메일 bansok@bansok.co.kr
블로그 blog.naver.com/bansokbooks

07547 서울시 강서구 양천로 583. B동 1007호
(서울시 강서구 염창동 240-21번지 우림블루나인 비즈니스센터 B동 1007호)
대표전화 02) 2093-3399 **팩 스** 02) 2093-3393
출 판 부 02) 2093-3395 **영업부** 02) 2093-3396
등록번호 제315-2008-000033호

Copyright ⓒ 이원준

ISBN 978-89-7172-949-6 (63740)

초등
영단어

하루 10단어 쓰기(5일)×20주
+ 20 WEEKLY TEST

하루 꼭!
365 따라 쓰기

반석
북스

머리말

이 교재에서는 교육부 지정 초등 필수 영단어 800개와 일상에서 자주 쓰이는 단어 200개를 매일매일 10개씩 쓰면서 공부한다. 수많은 단어를 암기하는 가장 좋은 방법은 결국 많이 사용하는 것이다. 영어의 네 가지 영역인 읽기, 듣기, 쓰기, 말하기를 활용하여 수많은 표현을 자연스럽게 익혀야 내 안에 오래오래 남는다. 그래서 영어를 구사하는데 반드시 필요한 1000개의 단어를 하루에 10개씩 보고, 듣고, 따라 말하고, 직접 쓰면서 공부할 수 있도록 구성했다. 이렇게 네 영역이 골고루 활용될 때 완벽한 학습이 이루어질 수 있다. 단순하고 쉽지만 효과적인 단어 공부 원리를 구현함으로써 학생들이 전반적인 공부 습관을 형성하는데 큰 도움이 될 것이다.

1. 초등학생에게 꼭 필요한 단어를 매일 10개씩 차근차근 공부해요.

매일 10개씩, 100일, 20주 동안 1000개의 단어를 공부한다. 1000개 단어는 교육부에서 지정한 초등 기본 영단어 800개와 일상 단어 200개로 구성되어 있다. 하루 딱 10개 단어만 제대로 보고, 듣고, 따라 말하고, 직접 쓰면 자연스럽게 암기하는 습관을 들일 수 있다. 한번 형성된 암기 습관은 앞으로 모든 공부를 쉽게 해낼 수 있는 밑거름이 된다.

2. 매주 복습 문제로 일주일간 배운 단어를 완전히 내 것으로 만들어요.

한 주(week) 중 6일 동안 공부할 수 있게 구성했다. 5일은 매일 10개씩 총 50개의 단어를 쓰면서 공부하고, 6일째에는 WEEKLY TEST를 통해 배운 내용을 점검하고, 복습한다. 헷갈리거나 틀린 부분은 다시 앞으로 돌아가서 영어 단어의 스펠링과 뜻 그리고 발음을 확인한다.

3. 발음 기호와 원어민 발음 QR코드를 이용해서 단어를 따라 읽어요.

각 단어마다 영어 발음 기호와 함께 쉽게 따라할 수 있도록 한글 발음을 표기했다. 발음 기호를 따라서 읽어보고, 자신의 발음이 원어민과 일치하는지 QR코드를 이용해서 비교해 볼 수 있다. 단순히 손으로 써보면서 외우는 기계적 방식이 아니라 시각과 청각을 동시에 활용하면서 암기할 수 있다.

목차

이 책의 구성과 특징

★ 이 책은 하루에 10개 단어를 매일매일 듣고, 따라 쓰면서 배울 수 있게 구성하였습니다.

★ 교육부 지정 단어 800개와 주제별 단어 200개, 총 1000개 단어가 수록되어 있습니다.

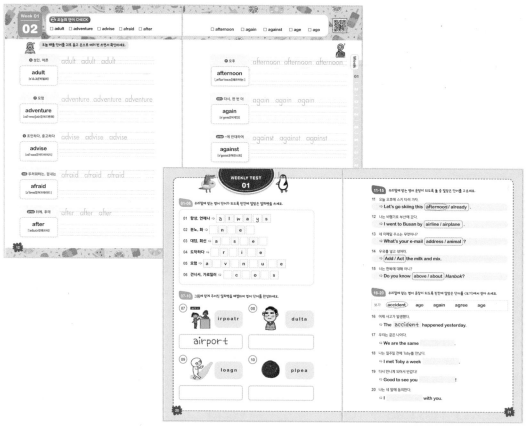

★ 이 책은 <탁상용 초등 영단어 하루 꼭! 365>의 단어 구성과 일치합니다. 교육부 지정 800단어 외에 일상생활 주제별 단어 200개는 해당 교재에서 일부 선정하였습니다. 탁상용으로 일상에서 영어 단어를 학습한 후에 이 책으로 배운 단어를 따라 쓰면서 복습할 수 있습니다.

하루 꼭! 10단어씩, 20주 동안 1000단어를
완전히 내 것으로 만드는 공부 습관의 기적!

01 하루에 딱! 10단어만 듣고 따라 쓰기

❶ QR코드를 찍고, 원어민 발음을 들으며 오늘 배울 단어를 CHECK하세요.

Week 01
02

🎵 오늘의 단어 CHECK

☐ adult   ☐ adventure   ☐ advise   ☐ afraid   ☐ after

오늘 배울 단어를 귀로 듣고 손으로 여러 번 쓰면서 확인하세요.

ⓝ 성인, 어른

adult   adult   adult

adult
[əˈdʌlt][어덜트]

☐ afternoon   ☐ again   ☐ against   ☐ age   ☐ ago

ⓝ 오후

afternoon   afternoon   afternoon

afternoon
[ˌæftərˈnuːn][애프터눈:]

Week
01
—
02

* 품사 약어

ⓝ 명사 (noun)   adv 부사 (adverb)   conj 접속사 (conjunction)
ⓥ 동사 (verb)   art 관사 (article)   pron 대명사 (pronoun)
adj 형용사 (adjective) prep 전치사 (preposition) pl 복수형 (plural)

n 모험

adventure
[ədˈventʃə(r)][어드벤춰]

adventure adventure a

❷ 영어 단어의 뜻과 품사를 확인하고, 우리말 발음 기호와 영어 발음 기호를 참고하여 읽어 보세요.

v 조언하다, 충고하다

advise
[ədˈvaɪz][어드바이즈]

advise advise advise

❸ 노트 위 회색 글자를 따라 쓰세요. 빈 노트에는 단어를 직접 여러 번 써 보세요.

adj 두려워하는, 겁내는

afraid
[əˈfreɪd][어프레이드]

afraid afraid afraid

02 매주 배운 단어를 문제로 복습하기

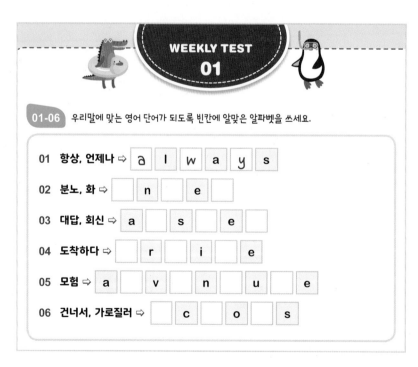

WEEKLY TEST 01

01-06 우리말에 맞는 영어 단어가 되도록 빈칸에 알맞은 알파벳을 쓰세요.

01 항상, 언제나 ⇨ a l w a y s

02 분노, 화 ⇨ ☐ n ☐ e ☐

03 대답, 회신 ⇨ a ☐ s ☐ e ☐

04 도착하다 ⇨ ☐ r ☐ i ☐ e

05 모험 ⇨ a ☐ v ☐ n ☐ u ☐ e

06 건너서, 가로질러 ⇨ ☐ c ☐ o ☐ s

❶ 5일 동안 배운 50개의 단어를 문제로 복습하세요. 먼저 우리말을 보고 빠진 알파벳 채워 넣어 보아요!

07-10 그림에 맞게 주어진 알파벳을 배열하여 영어 단어를 완성하세요.

07 GATE 3 irpoatr

airport

08 dulta

09 loagn

10 plpea

❷ 그림을 보고 주어진 알파벳을 바르게 배열하기 유형의 문제를 통해서 단어를 완벽하게 암기할 수 있어요.

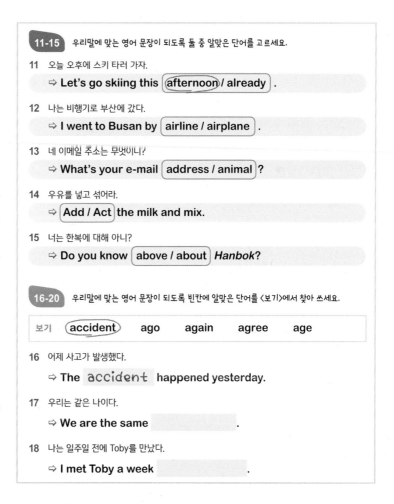

11-15 우리말에 맞는 영어 문장이 되도록 둘 중 알맞은 단어를 고르세요.

11 오늘 오후에 스키 타러 가자.
⇨ Let's go skiing this afternoon / already .

12 나는 비행기로 부산에 갔다.
⇨ I went to Busan by airline / airplane .

13 네 이메일 주소는 무엇이니?
⇨ What's your e-mail address / animal ?

14 우유를 넣고 섞어라.
⇨ Add / Act the milk and mix.

15 너는 한복에 대해 아니?
⇨ Do you know above / about Hanbok?

❸ 앞에서 배운 단어가 문장에서 어떻게 쓰이는지 문제로 확인하세요. 우리말과 일치하는 문장이 되도록 둘 중 알맞은 단어를 고르세요.

16-20 우리말에 맞는 영어 문장이 되도록 빈칸에 알맞은 단어를 <보기>에서 찾아 쓰세요.

보기 accident ago again agree age

16 어제 사고가 발생했다.
⇨ The accident happened yesterday.

17 우리는 같은 나이다.
⇨ We are the same _____.

18 나는 일주일 전에 Toby를 만났다.
⇨ I met Toby a week _____.

❹ 주어진 단어들 중 우리말 뜻에 맞는 영어 문장이 되도록 알맞은 것을 하나 고르세요. 다양한 문제를 통해서 단어의 쓰임새를 완벽하게 이해할 수 있어요.

01

오늘 배울 단어를 귀로 듣고 손으로 여러 번 쓰면서 확인하세요.

art (부정관사), 하나의

a
[ə/eɪ][어/에이]

a a a

prep ~에 대한,
adv 약, 거의

about
[əˈbaʊt][어바웃]

about about about

prep ~보다 위에

above
[əˈbʌv][어버브]

above above above

n (특수 분야의) 학교

academy
[əˈkædəmi][어캐더미]

academy academy academy

n 말씨, 강세

accent
[ˈæksent][액센트]

accent accent accent

Week
01
02
03
04
05
06
07
08
09
10

n 사고, 우연

accident accident accident

accident
[ˈæksɪdənt][액씨던트]

adv 건너서,
prep 가로질러

across across across

across
[əˈkrɔːs][어크로:쓰]

n 행동,
v 행동을 취하다

act act act

act
[ækt][액트]

v 첨가하다, 더하다

add add add

add
[æd][애드]

n 주소,
v 주소를 쓰다

address address address

address
[ˈædres/əˈdres]
[애드레스/어드레스]

🎧 오늘의 단어 CHECK

☐ adult   ☐ adventure   ☐ advise   ☐ afraid   ☐ after

오늘 배울 단어를 귀로 듣고 손으로 여러 번 쓰면서 확인하세요.

ⓝ 성인, 어른

adult   adult   adult

adult
[əˈdʌlt][어덜트]

ⓝ 모험

adventure   adventure   adventure

adventure
[ədˈventʃə(r)][어드벤춰]

ⓥ 조언하다, 충고하다

advise   advise   advise

advise
[ədˈvaɪz][어드바이즈]

adj 두려워하는, 겁내는

afraid   afraid   afraid

afraid
[əˈfreɪd][어프레이드]

prep 뒤에, 후에

after   after   after

after
[ˈæftə(r)][애프터]

ⓝ 오후

afternoon
[ˌæftərˈnuːn][애프터눈ː]

afternoon afternoon afternoon

adv 다시, 한 번 더

again
[əˈɡeɪn][어게인]

again again again

prep ~에 반대하여

against
[əˈɡenst][어겐스트]

against against against

ⓝ 나이, 연령

age
[eɪdʒ][에이쥐]

age age age

adv 전에

ago
[əˈɡoʊ][어고우]

ago ago ago

Week
01
02
03
04
05
06
07
08
09
10

13

🎧 오늘의 단어 CHECK

☐ agree   ☐ ahead   ☐ air   ☐ airplane   ☐ airline

오늘 배울 단어를 귀로 듣고 손으로 여러 번 쓰면서 확인하세요.

ⓥ 동의하다

agree
[əˈgriː][어그리ː]

agree   agree   agree

adv 앞으로, 앞에

ahead
[əˈhed][어헤드]

ahead   ahead   ahead

ⓝ 공기, 대기

air
[er][에어]

air   air   air

ⓝ 비행기

airplane
[ˈerpleɪn][에어플레인]

airplane   airplane   airplane

ⓝ 항공사

airline
[ˈerlaɪn][에어라인]

airline   airline   airline

ⓝ 공항

airport
[ˈerpɔːrt][에어포:트]

airport   airport   airport

adj 모든, ⓝ 모두

all
[ɔːl][올:]

all   all   all

adv 거의

almost
[ˈɑːlmoʊst][올:모스트]

almost   almost   almost

adj, adv 외로운, 혼자

alone
[əˈloʊn][얼론]

alone   alone   alone

prep ~을 따라

along
[əˈlɔːŋ][얼롱:]

along   along   along

Week

01
02
03
04
05
06
07
08
09
10

15

🎧 오늘의 단어 CHECK

☐ aloud　☐ already　☐ alright　☐ also　☐ always

오늘 배울 단어를 귀로 듣고 손으로 여러 번 쓰면서 확인하세요.

adv 소리 내어, 크게

aloud aloud aloud

aloud
[əˈlaʊd][얼라우드]

adv 이미, 벌써

already already already

already
[ɔːlˈredi][올:뤠디]

adj, **adv** 괜찮은

alright alright alright

alright
[ɔːlˈraɪt][올:롸잇트]

adv 또한, 게다가

also also also

also
[ˈɔːlsoʊ][올:쏘]

adv 항상, 언제나

always always always

always
[ˈɔːlweɪz][올:웨이즈]

오전

A.M. / a.m.
[ˌeɪ ˈem][에이엠]

A.M. / a.m. A.M. / a.m.

conj 그리고

and
[ænd][앤드]

and   and   and

n 천사

angel
[ˈeɪndʒl][에인즐]

angel   angel   angel

n 분노, 화

anger
[ˈæŋgə(r)][앵거]

anger   anger   anger

n 동물

animal
[ˈænɪml][애니멀]

animal   animal   animal

오늘 배울 단어를 귀로 듣고 손으로 여러 번 쓰면서 확인하세요.

adj, **pron** 또 하나(의)

another
[əˈnʌðə(r)][어나더]

another another another

---

n 대답, 회신

answer
[ˈænsə(r)][앤써]

answer answer answer

---

n 개미

ant
[ænt][앤트]

ant ant ant

---

adj, **pron** 어느, 어떤

any
[ˈeni][에니]

any any any

---

n 사과

apple
[ˈæpl][애플]

apple apple apple

n 구역, 지역

area area area

area
[ˈeriə][에리어]

n 팔

arm arm arm

arm
[ɑːrm][암:]

adv 약, **prep** 둘레에

around around around

around
[əˈraʊnd][어롸운드]

v 도착하다

arrive arrive arrive

arrive
[əˈraɪv][어롸이브]

n 미술, 예술

art art art

art
[ɑːrt][아:트]

01-06 우리말에 맞는 영어 단어가 되도록 빈칸에 알맞은 알파벳을 쓰세요.

01 **항상, 언제나** ⇨ a l w a y s

02 **분노, 화** ⇨ ☐ n ☐ e ☐

03 **대답, 회신** ⇨ a ☐ s ☐ e ☐

04 **도착하다** ⇨ ☐ r ☐ i ☐ e

05 **모험** ⇨ a ☐ v ☐ n ☐ u ☐ e

06 **건너서, 가로질러** ⇨ ☐ c ☐ o ☐ s

07-10 그림에 맞게 주어진 알파벳을 배열하여 영어 단어를 완성하세요.

07 irpoatr

airport

08 dulta

09 loagn

10 plpea

11-15 우리말에 맞는 영어 문장이 되도록 둘 중 알맞은 단어를 고르세요.

11 오늘 오후에 스키 타러 가자.

⇨ Let's go skiing this (afternoon / already) .

12 나는 비행기로 부산에 갔다.

⇨ I went to Busan by (airline / airplane) .

13 네 이메일 주소는 무엇이니?

⇨ What's your e-mail (address / animal) ?

14 우유를 넣고 섞어라.

⇨ (Add / Act) the milk and mix.

15 너는 한복에 대해 아니?

⇨ Do you know (above / about) *Hanbok*?

16-20 우리말에 맞는 영어 문장이 되도록 빈칸에 알맞은 단어를 〈보기〉에서 찾아 쓰세요.

보기	accident	ago	again	agree	age

16 어제 사고가 발생했다.

⇨ The accident happened yesterday.

17 우리는 같은 나이다.

⇨ We are the same _____.

18 나는 일주일 전에 Toby를 만났다.

⇨ I met Toby a week _____.

19 다시 만나게 되어서 반갑다!

⇨ Good to see you _____!

20 나는 네 말에 동의한다.

⇨ I _____ with you.

오늘 배울 단어를 귀로 듣고 손으로 여러 번 쓰면서 확인하세요.

prep ~처럼, ~로서

as
[æz][애즈]

as   as   as

v 묻다, 요청하다

ask
[æsk][애스크]

ask   ask   ask

prep ~에(서)

at
[æt][앳]

at   at   at

n 고모, 이모, 숙모

aunt
[ænt][앤트]

aunt   aunt   aunt

adv 떨어져, 다른데(로)

away
[əˈweɪ][어웨이]

away   away   away

Week

01
02
03
04
05
06
07
08
09
10

ⓝ 아기, 새끼

baby baby baby

baby
[ˈbeɪbi][베이비]

ⓝ 등, 허리, adj 뒤쪽의

back back back

back
[bæk][백]

ⓝ 배경

background background

background
[ˈbækɡraʊnd][백그라운드]

adj 나쁜, 안 좋은

bad bad bad

bad
[bæd][배드]

ⓥ 굽다

bake bake bake

bake
[beɪk][베이크]

오늘 배울 단어를 귀로 듣고 손으로 여러 번 쓰면서 확인하세요.

ⓝ 공

ball ball ball

ball
[bɔːl][볼ː]

ⓝ 풍선, 열기구

balloon balloon balloon

balloon
[bəˈluːn][벌룬ː]

ⓝ 밴드, 띠

band band band

band
[bænd][밴드]

ⓝ 은행, 둑

bank bank bank

bank
[bæŋk][뱅크]

ⓝ 기초, 토대

base base base

base
[beɪs][베이스]

n 야구

baseball   baseball   baseball

baseball
[ˈbeɪsbɔːl][베이스볼:]

adj 기초적인, 근본적인

basic   basic   basic

basic
[ˈbeɪsɪk][베이직]

n 바구니

basket   basket   basket

basket
[ˈbæskɪt][배스킷]

n 농구

basketball   basketball

basketball
[ˈbæskɪtbɔːl][배스킷볼:]

n 방망이

bat   bat   bat

bat
[bæt][뱃]

🎧 오늘의 단어 CHECK

☐ bath ☐ bathroom ☐ battery ☐ battle ☐ be

오늘 배울 단어를 귀로 듣고 손으로 여러 번 쓰면서 확인하세요.

ⓝ 욕조

bath
[bæθ][배쓰]

bath   bath   bath

ⓝ 욕실, 화장실

bathroom
[ˈbæθruːm][배쓰룸:]

bathroom   bathroom

ⓝ 배터리

battery
[ˈbætəri][배러리]

battery   battery   battery

ⓝ 전투

battle
[ˈbætl][배틀]

battle   battle   battle

ⓥ 있다, 이다

be
[biː][비:]

be   be   be

☐ beach　　☐ bean　　☐ bear　　☐ beauty　　☐ because

ⓝ 해변

beach beach beach

beach
[biːtʃ][비ː취]

ⓝ 콩

bean bean bean

bean
[biːn][빈ː]

ⓝ 곰, ⓥ 참다, 견디다

bear bear bear

bear
[ber][베어]

ⓝ 미, 아름다움

beauty beauty beauty

beauty
[ˈbjuːti][뷰ː티]

ⓒⓞⓝⓙ ~ 때문에

because because because

because
[bɪˈkɔːz][비코우즈]

🎧 오늘의 단어 CHECK

☐ become ☐ bed ☐ bedroom ☐ bee ☐ beef

오늘 배울 단어를 귀로 듣고 손으로 여러 번 쓰면서 확인하세요.

ⓥ ~이 되다

become become become

become
[bɪˈkʌm][비컴]

ⓝ 침대

bed bed bed

bed
[bed][베드]

ⓝ 침실

bedroom bedroom bedroom

bedroom
[ˈbedrʊm][베드룸]

ⓝ 벌

bee bee bee

bee
[biː][비:]

ⓝ 소고기

beef beef beef

beef
[biːf][비:프]

prep 전에

before
[brˈfɔː(r)][비포:]

before before before

v 시작하다

begin
[brˈgɪn][비긴!]

begin begin begin

prep, adv 뒤에

behind
[brˈhaɪnd][비하인드]

behind behind behind

v 믿다

believe
[brˈliːv][빌리:브]

believe believe believe

n 종

bell
[bel][벨]

bell bell bell

Week
01
02
03
04
05
06
07
08
09
10

🎧 오늘의 단어 CHECK

☐ below ☐ beside ☐ between ☐ bicycle ☐ big

 오늘 배울 단어를 귀로 듣고 손으로 여러 번 쓰면서 확인하세요.

prep , **adv** 아래에

below below below

below
[bɪˈloʊ][빌로우]

prep 옆에

beside beside beside

beside
[bɪˈsaɪd][비싸이드]

prep 사이에

between between between

between
[bɪˈtwiːn][비트윈:]

n 자전거

bicycle bicycle bicycle

bicycle
[ˈbaɪsɪkl][바이씨클]

adj 큰

big big big

big
[bɪg][빅]

ⓝ 계산서, 지폐

bill
[bɪl][빌]

bill   bill   bill

ⓝ 새

bird
[bɜːrd][버:드]

bird   bird   bird

ⓝ 탄생

birth
[bɜːrθ][벌:쓰]

birth   birth   birth

ⓝ 생일

birthday
[ˈbɜːrθdeɪ][벌:쓰데이]

birthday   birthday   birthday

ⓥ 물다

bite
[baɪt][바이트]

bite   bite   bite

31

01-06 우리말에 맞는 영어 단어가 되도록 빈칸에 알맞은 알파벳을 쓰세요.

01 자전거 ⇨ b i c y c l e

02 풍선, 열기구 ⇨ ☐ a l ☐ o ☐ n

03 ~ 때문에 ⇨ b ☐ c ☐ u s ☐

04 전투 ⇨ b ☐ t ☐ l ☐

05 배경 ⇨ b ☐ c ☐ g ☐ o u n ☐

06 ~ 뒤에 ⇨ ☐ e ☐ i n ☐

07-10 그림에 맞게 주어진 알파벳을 배열하여 영어 단어를 완성하세요.

07

eabr

bear

08

febe

09

unat

10

irtbhady

11-15 우리말에 맞는 영어 문장이 되도록 둘 중 알맞은 단어를 고르세요.

11 나는 침실에 있어.

⇨ I'm in the (bedroom / bathroom) .

12 너는 야구를 좋아하니?

⇨ Do you like [basketball / baseball] ?

13 우리는 해변을 따라 걸었다.

⇨ We walked along the [bank / beach] .

14 내 꿈은 의사가 되는 것이다.

⇨ My dream is to [become / begin] a doctor.

15 Ali는 큰 집을 갖고 있다.

⇨ Ali has a [big / bad] house.

16-20 우리말에 맞는 영어 문장이 되도록 빈칸에 알맞은 단어를 〈보기〉에서 찾아 쓰세요.

보기	between	(bake)	ask	before	bird

16 우리 아빠는 자주 나와 함께 빵을 굽는다.

⇨ My dad often bake s bread with me.

17 저 남자에게 물어보자.

⇨ Let's _____ that man.

18 은행은 병원과 박물관 사이에 있다.

⇨ The bank is _____ the hospital and the museum.

19 일찍 일어나는 새가 벌레를 잡는다.

⇨ The early _____ catches the worm.

20 나는 오전 7시 전에 일어난다.

⇨ I wake up _____ 7 a.m.

🎧 오늘의 단어 CHECK

☐ black   ☐ block   ☐ blood   ☐ blue   ☐ board

오늘 배울 단어를 귀로 듣고 손으로 여러 번 쓰면서 확인하세요.

adj 검은, **n** 검은색

black black black

black
[blæk][블랙]

n 사각형 덩어리, **v** 막다

block block block

block
[blɑːk][블락:]

n 피

blood blood blood

blood
[blʌd][블러드]

adj 파란, **n** 파란색

blue blue blue

blue
[bluː][블루:]

n 판자

board board board

board
[bɔːrd][보:드]

n 배, 보트

boat boat boat

boat
[boʊt][보우트]

n 몸

body body body

body
[ˈbɑːdi][바ː디]

n 폭탄

bomb bomb bomb

bomb
[bɑːm][밤ː]

n 뼈

bone bone bone

bone
[boʊn][보운]

n 책, v 예약하다

book book book

book
[bʊk][북]

오늘 배울 단어를 귀로 듣고 손으로 여러 번 쓰면서 확인하세요.

ⓝ 부츠

boot
[buːt][부:트]

boot　boot　boot

ⓥ 빌리다

borrow
[ˈbaːroʊ][바:로우]

borrow　borrow　borrow

ⓝ 상관, 상사

boss
[bɔːs][보:스]

boss　boss　boss

adj, pron 둘 다(의)

both
[boʊθ][보쓰]

both　both　both

ⓝ 병

bottle
[ˈbaːtl][바:틀]

bottle　bottle　bottle

ⓝ 맨 아래

bottom
[ˈbɑːtəm][바:텀]

bottom   bottom   bottom

ⓝ 그릇, 통

bowl
[boʊl][보울]

bowl   bowl   bowl

ⓝ 소년

boy
[bɔɪ][보이]

boy   boy   boy

ⓝ 뇌

brain
[breɪn][브레인]

brain   brain   brain

ⓝ 제동장치, 브레이크

brake
[breɪk][브레이크]

brake   brake   brake

🎧 오늘의 단어 CHECK

☐ branch ☐ brand ☐ brave ☐ bread ☐ break

오늘 배울 단어를 귀로 듣고 손으로 여러 번 쓰면서 확인하세요.

ⓝ 나뭇가지, 분점

branch   branch   branch

branch
[bræntʃ][브랜치]

ⓝ 상표, 브랜드

brand   brand   brand

brand
[brænd][브랜드]

ⓐⓓⓙ 용감한

brave   brave   brave

brave
[breɪv][브레이브]

ⓝ 빵

bread   bread   bread

bread
[bred][브레드]

**ⓥ 깨어지다, 깨다,
ⓝ 휴식 시간**

break   break   break

break
[breɪk][브레이크]

□ breakfast □ bridge □ bright □ bring □ brother

n 아침식사

breakfast breakfast breakfast

breakfast
[ˈbrekfəst][브렉퍼스트]

n 다리

bridge bridge bridge

bridge
[brɪdʒ][브릿쥐]

adj 밝은, 똑똑한

bright bright bright

bright
[braɪt][브라이트]

v 가지고 오다

bring bring bring

bring
[brɪŋ][브링]

n 남자형제

brother brother brother

brother
[ˈbrʌðə(r)][브라더]

Week
01
02
03
04
05
06
07
08
09
10

39

04

오늘 배울 단어를 귀로 듣고 손으로 여러 번 쓰면서 확인하세요.

adj, n 갈색(의)

brown
[braʊn][브라운]

brown   brown   brown

n 붓

brush
[brʌʃ][브러쉬]

brush   brush   brush

n 거품

bubble
[ˈbʌbl][버블]

bubble   bubble   bubble

n 작은 곤충, 벌레

bug
[bʌg][벅]

bug   bug   bug

v 건축하다, 짓다

build
[bɪld][빌드]

build   build   build

ⓥ 타다, 불사르다

burn burn burn

burn
[bɜ:rn][번:]

ⓝ 사업, 상업, 장사

business business business

business
[ˈbɪznəs][비즈니스]

adj 바쁜

busy busy busy

busy
[ˈbɪzi][비지]

conj 그러나

but but but

but
[bʌt][벗]

ⓝ 단추

button button button

button
[ˈbʌtn][버튼]

Week
01
02
03
04
05
06
07
08
09
10

🎧 오늘의 단어 CHECK

☐ buy ☐ by ☐ cage ☐ calendar ☐ call

오늘 배울 단어를 귀로 듣고 손으로 여러 번 쓰면서 확인하세요.

ⓥ 사다

buy buy buy

buy
[baɪ][바이]

prep ~옆에, ~가 한, ~로

by by by

by
[baɪ][바이]

ⓝ 새장, 우리

cage cage cage

cage
[keɪdʒ][케이쥐]

ⓝ 달력

calendar calendar calendar

calendar
[ˈkælɪndə(r)][캘린더]

ⓥ ~라고 부르다,
ⓝ 전화, 외침

call call call

call
[kɔːl][콜ː]

42

adj 침착한, 차분한,
v 진정시키다

calm calm calm

calm
[kɑːm][캄ː]

~할 수 있다, **n** 깡통

can can can

can
[kæn][캔]

n 사탕

candy candy candy

candy
['kændi][캔디]

n 모자

cap cap cap

cap
[kæp][캡]

n 선장

captain captain captain

captain
['kæptɪn][캡틴]

WEEKLY TEST 03

01-06 우리말에 맞는 영어 단어가 되도록 빈칸에 알맞은 알파벳을 쓰세요.

01 피 ⇨ b l o o d

02 나뭇가지, 분점 ⇨ ☐ r ☐ n ☐ h

03 밝은, 똑똑한 ⇨ ☐ r ☐ g ☐ t

04 달력 ⇨ ☐ a l ☐ n ☐ a r

05 사업, 상업, 장사 ⇨ b ☐ s i ☐ e ☐ s

06 선장 ⇨ ☐ a ☐ t a ☐ n

07-10 그림에 맞게 주어진 알파벳을 배열하여 영어 단어를 완성하세요.

07 dancy

candy

08 rownb

09 ublbeb

10 rinab

44

11-15 우리말에 맞는 영어 문장이 되도록 둘 중 알맞은 단어를 고르세요.

11 나는 검은 머리를 갖고 있다.

⇨ I have (**black**)/ **blue** hair.

12 우리는 병을 재활용해야 한다.

⇨ We should recycle **bottles / bowls** .

13 소매 끝에 단추 하나가 있다.

⇨ There is a **button / bottom** on the ends of sleeves.

14 여기에 당신의 강아지를 데려와도 됩니다.

⇨ You can **bring / build** your dog here.

15 그녀는 엄청 바빠 보인다.

⇨ She looks very **brave / busy** .

16-20 우리말에 맞는 영어 문장이 되도록 빈칸에 알맞은 단어를 <보기>에서 찾아 쓰세요.

보기	brush	(broad)	breakfast	borrow	bridge

16 나는 빵을 좀 먹고 싶다.

⇨ I want some _bread_ .

17 너는 붓을 갖고 있니?

⇨ Do you have a   ?

18 그들은 다리를 건넜다.

⇨ They crossed the   .

19 나는 자주 아침을 거른다.

⇨ I often skip   .

20 돈을 좀 빌려줄 수 있어요?

⇨ Can I   some money, please?

🎵 오늘의 단어 CHECK

☐ car   ☐ care   ☐ carrot   ☐ carry   ☐ cart

 오늘 배울 단어를 귀로 듣고 손으로 여러 번 쓰면서 확인하세요.

ⓝ 자동차

car
[kɑː(r)][카ː]

car   car   car

ⓝ 돌봄, 조심, 주의

care
[ker][케어]

care   care   care

ⓝ 당근

carrot
[ˈkærət][캐롯]

carrot   carrot   carrot

ⓥ 나르다

carry
[ˈkæri][캐리]

carry   carry   carry

ⓝ 수레, 손수레

cart
[kɑːrt][카ː트]

cart   cart   cart

ⓝ 경우, 상자

case   case   case

case
[keɪs][케이스]

ⓝ 현금

cash   cash   cash

cash
[kæʃ][캐쉬]

ⓝ 성

castle   castle   castle

castle
[ˈkæsl][캐슬]

ⓝ 고양이

cat   cat   cat

cat
[kæt][캣]

ⓥ 잡다

catch   catch   catch

catch
[kætʃ][캐취]

🎧 오늘의 단어 CHECK

☐ certain ☐ chain ☐ chair ☐ chance ☐ change

오늘 배울 단어를 귀로 듣고 손으로 여러 번 쓰면서 확인하세요.

adj 확실한, 확신하는

certain
[ˈsɜːrtn][썰:튼]

certain   certain   certain

n 사슬, 쇠줄

chain
[tʃeɪn][체인]

chain   chain   chain

n 의자

chair
[tʃer][체어]

chair   chair   chair

n 기회

chance
[tʃæns][챈스]

chance   chance   chance

v 바꾸다, 바뀌다,
n 변화

change
[tʃeɪndʒ][체인쥐]

change   change   change

adj 싼, 저렴한

cheap
[tʃiːp][칩ː]

cheap cheap cheap

n 수표

check / cheque
[tʃek][체크]

check/cheque check/cheque

n 어린이

child
[tʃaɪld][차일드]

child child child

v 고르다

choose
[tʃuːz][츄ː즈]

choose choose choose

n 교회

church
[tʃɜːrtʃ][처ː치]

church church church

49

🎧 오늘의 단어 CHECK

☐ cinema   ☐ circle   ☐ city   ☐ class   ☐ classroom

 오늘 배울 단어를 귀로 듣고 손으로 여러 번 쓰면서 확인하세요.

n 영화관, 영화

cinema   cinema   cinema

cinema
[ˈsɪnəmə][씨네마]

n 원

circle   circle   circle

circle
[ˈsɜːrkl][써:클]

n 도시

city   city   city

city
[ˈsɪti][씨티]

n 학급, 수업

class   class   class

class
[klæs][클래스]

n 교실

classroom   classroom

classroom
[ˈklæsruːm][클래스룸:]

adj 깨끗한

clean
[kliːn][클린ː]

clean clean clean

adj 분명한, 확실한

clear
[klɪr][클리어]

clear clear clear

n 점원

clerk
[klɜːrk][클럭ː]

clerk clerk clerk

adj 영리한

clever
[ˈklevə(r)][클레버]

clever clever clever

v 오르다

climb
[klaɪm][클라임]

climb climb climb

오늘 배울 단어를 귀로 듣고 손으로 여러 번 쓰면서 확인하세요.

ⓝ 핀, 클립

clip
[klɪp][클립]

clip   clip   clip

ⓝ 시계

clock
[klɑ:k][클락:]

clock   clock   clock

ⓥ 닫다, adj 가까운

close
[kloʊz/kloʊs]
[클로우즈/클로우스]

close   close   close

ⓝ 천, 옷감

cloth
[klɔ:θ][클로:쓰]

cloth   cloth   cloth

ⓝ 구름

cloud
[klaʊd][클라우드]

cloud   cloud   cloud

ⓝ 클럽, 동호회

club
[klʌb][클럽]

club club club

ⓝ 동전, 주화

coin
[kɔɪn][코인]

coin coin coin

adj 추운, ⓝ 추위

cold
[koʊld][코울드]

cold cold cold

ⓥ 모으다

collect
[kəˈlekt][컬렉트]

collect collect collect

ⓝ 대학

college
[ˈkɑːlɪdʒ][칼:리쥐]

college college college

🎧 오늘의 단어 CHECK

☐ color/colour
☐ come ☐ comedy ☐ company ☐ concert

오늘 배울 단어를 귀로 듣고 손으로 여러 번 쓰면서 확인하세요.

ⓝ 색깔

color / colour
[ˈkʌlə(r)][컬러]

color/colour color/colour

ⓥ 오다

come
[kʌm][컴]

come come come

ⓝ 희극

comedy
[ˈkɑːmədi][커:메디]

comedy comedy comedy

ⓝ 회사, 함께 있음

company
[ˈkʌmpəni][컴퍼니]

company company company

ⓝ 연주회, 콘서트

concert
[ˈkɑːnsərt][콘:써트]

concert concert concert

ⓝ 상태

condition condition condition

condition
[kənˈdɪʃn][컨디션]

ⓥ 축하하다

congratulate congratulate

congratulate
[kənˈgrætʃuleɪt]
[컹그래츌레이트]

ⓝ 대회, 시합

contest contest contest

contest
[ˈkɑːntest][컨ː테스트]

ⓝ 지배, ⓥ 지배하다

control control control

control
[kənˈtroʊl][컨트롤]

ⓝ 요리사, ⓥ 요리하다

cook cook cook

cook
[kʊk][쿡]

WEEKLY TEST
04

01-06 우리말에 맞는 영어 단어가 되도록 빈칸에 알맞은 알파벳을 쓰세요.

01 영리한 ⇨ c l e v e r

02 상태 ⇨ ☐ o ☐ d i ☐ i o n

03 희극 ⇨ c ☐ m ☐ d ☐

04 천, 옷감 ⇨ ☐ ☐ o t ☐

05 지배, 지배하다 ⇨ ☐ o ☐ t r ☐ l

06 대학 ⇨ ☐ o l ☐ e ☐ e

07-10 그림에 맞게 주어진 알파벳을 배열하여 영어 단어를 완성하세요.

07
a c r

car

08
o l k c c

09
s a c l e t

10
l o d c u

11-15 우리말에 맞는 영어 문장이 되도록 둘 중 알맞은 단어를 고르세요.

11 오늘은 춥다.

⇨ It is (cold / cheap) today.

12 네 의자 위에 고양이 한 마리가 있다.

⇨ There is a cat on your [chain / chair] .

13 제가 미술 수업에 들어가도 될까요?

⇨ Can I join the art [class / circle] ?

14 우리는 깨끗하고 안전한 물이 필요하다.

⇨ We need [clean / clear] and safe water.

15 우리 엄마는 돼지고기를 요리하고 있다.

⇨ My mother is [cooking / collecting] pork.

16-20 우리말에 맞는 영어 문장이 되도록 빈칸에 알맞은 단어를 <보기>에서 찾아 쓰세요.

보기	coin	carrot	classroom	carry	city

16 나는 작은 도시에 산다.

⇨ I live in a small city .

17 내 돼지 저금통에 동전을 넣어라.

⇨ Put _____s into my piggy bank.

18 당근 두 개를 작은 조각으로 잘라라.

⇨ Cut two _____s into small pieces.

19 내 친구는 무거운 것들을 옮길 수 있다.

⇨ My friend can _____ heavy things.

20 교실로 들어가자.

⇨ Let's enter the _____.

01

오늘 배울 단어를 귀로 듣고 손으로 여러 번 쓰면서 확인하세요.

ⓝ 과자

cookie / cooky
[ˈkʊki][쿠키]

cookie/cooky   cookie/cooky

**adj 시원한, 서늘한,
ⓥ 식다, 식히다**

cool
[kuːl][쿨:]

cool   cool   cool

ⓝ 복사(본), ⓥ 복사하다

copy
[ˈkɑːpi][카:피]

copy   copy   copy

ⓝ 모서리, 모퉁이

corner
[ˈkɔːrnə(r)][코:너]

corner   corner   corner

ⓝ 값, 비용

cost
[kɔːst][코:스트]

cost   cost   cost

ⓝ 목화, 면직물

cotton cotton cotton

cotton
[ˈkɑːtn][코:튼]

(can의 과거형)

could could could

could
[kʊd][쿠드]

ⓝ 국가, 나라, 지역

country country country

country
[ˈkʌntri][컨츄리]

ⓝ 시골 지역

countryside countryside

countryside
[ˈkʌntrisaɪd]
[컨츄리싸이드]

ⓝ 두 사람

couple couple couple

couple
[ˈkʌpl][커플]

Week

01
02
03
04
05
06
07
08
09
10

59

🎧 오늘의 단어 CHECK

☐ cousin ☐ cover ☐ cow ☐ crazy ☐ cross

오늘 배울 단어를 귀로 듣고 손으로 여러 번 쓰면서 확인하세요.

ⓝ 사촌

cousin
['kʌzn][커즌]

cousin cousin cousin

ⓥ 씌우다, 덮다, ⓝ 덮개

cover
['kʌvə(r)][커버]

cover cover cover

ⓝ 암소, 젖소

cow
[kaʊ][카우]

cow cow cow

ⓐⓓⓙ 정상이 아닌

crazy
['kreɪzi][크레이지]

crazy crazy crazy

ⓝ 십자, 십자가,
ⓥ 건너다

cross
[krɔːs][크로:스]

cross cross cross

ⓝ 사람들, 군중

crowd   crowd   crowd

crowd
[kraʊd][크라우드]

ⓝ 왕관

crown   crown   crown

crown
[kraʊn][크라운]

ⓥ 울다, 외치다

cry   cry   cry

cry
[kraɪ][크라이]

ⓝ 문화

culture   culture   culture

culture
[ˈkʌltʃə(r)][컬쳐]

adj 궁금한, 호기심이 많은

curious   curious   curious

curious
[ˈkjʊriəs][큐리어스]

🎧 오늘의 단어 CHECK

☐ curtain   ☐ customer   ☐ cut   ☐ cute   ☐ cycle

 오늘 배울 단어를 귀로 듣고 손으로 여러 번 쓰면서 확인하세요.

ⓝ 커튼

curtain
[ˈkɜːrtn][커ː튼]

curtain   curtain   curtain

ⓝ 고객, 손님

customer
[ˈkʌstəmə(r)][커스터머]

customer   customer   customer

ⓥ 베다, 자르다, ⓝ 상처

cut
[kʌt][컷]

cut   cut   cut

adj 귀여운

cute
[kjuːt][큐ː트]

cute   cute   cute

ⓝ 자전거, 순환

cycle
[ˈsaɪkl][싸이클]

cycle   cycle   cycle

n 아빠

dad
[dæd][댇]

dad dad dad

n 춤

dance
[dæns][댄스]

dance dance dance

n 위험

danger
[ˈdeɪndʒə(r)][데인져]

danger danger danger

adj 어두운, 캄캄한

dark
[dɑːrk][다ː크]

dark dark dark

n 날짜

date
[deɪt][데이트]

date date date

Week

01
02
03
04
05
06
07
08
09
10

오늘 배울 단어를 귀로 듣고 손으로 여러 번 쓰면서 확인하세요.

ⓝ 딸

daughter daughter daughter

daughter
[ˈdɔːtə(r)][도우러]

ⓝ 하루, 날

day day day

day
[deɪ][데이]

---

adj 죽은

dead dead dead

dead
[ded][데드]

ⓝ 죽음

death death death

death
[deθ][데쓰]

ⓥ 결정하다

decide decide decide

decide
[dɪˈsaɪd][디싸이드]

Week

01
—
02
—
03
—
04
—
05
—
06
—
07
—
08
—
09
—
10

adj 깊은

deep
[diːp][딥:]

deep deep deep

adj 맛있는

delicious
[dɪˈlɪʃəs][딜리셔스]

delicious delicious delicious

n 치과의사

dentist
[ˈdentɪst][덴티스트]

dentist dentist dentist

n 디자인

design
[dɪˈzaɪn][디자인]

design design design

n 책상

desk
[desk][데스크]

desk desk desk

65

오늘 배울 단어를 귀로 듣고 손으로 여러 번 쓰면서 확인하세요.

n 대화

dialogue / dialog
[ˈdaɪəlɔːg][다이얼로:그]

dialogue/dialog

n 수첩, 일기

diary
[ˈdaɪəri][다이어리]

diary   diary   diary

v 죽다

die
[daɪ][다이]

die   die   die

adj 다른

different
[ˈdɪfrənt][디퍼런트]

different   different   different

adj 어려운

difficult
[ˈdɪfɪkəlt][디피컬트]

difficult   difficult   difficult

ⓝ 저녁식사

dinner
[ˈdɪnə(r)][디너]

dinner   dinner   dinner

ⓐⓓⓙ 더러운, 지저분한

dirty
[ˈdɜːrti][더ː티]

dirty   dirty   dirty

ⓥ 논의하다

discuss
[dɪˈskʌs][디스커스]

discuss   discuss   discuss

ⓝ 접시, 설거지감, 요리

dish
[dɪʃ][디쉬]

dish   dish   dish

ⓥ 나누다

divide
[dɪˈvaɪd][디바이드]

divide   divide   divide

WEEKLY TEST
05

01-06 우리말에 맞는 영어 단어가 되도록 빈칸에 알맞은 알파벳을 쓰세요.

01 십자가, 건너다 ⇨ | c | r | o | s | s |

02 치과 ⇨ | | e | | t | i | | t |

03 위험 ⇨ | | a | | g | | r |

04 문화 ⇨ | | u | | t | u | | e |

05 수첩, 일기 ⇨ | | i | | r | |

06 고객, 손님 ⇨ | c | | s | | o | | e | r |

07-10 그림에 맞게 주어진 알파벳을 배열하여 영어 단어를 완성하세요.

07

encda

dance

08

ugda
hrte

09

cinuart

10

cnoott

우리말에 맞는 영어 문장이 되도록 둘 중 알맞은 단어를 고르세요.

11 그 아기는 울고 있다.

⇨ The baby is | cutting /(crying)| .

12 케냐는 아프리카에 있는 나라이다.

⇨ Kenya is a | country / countryside | in Africa.

13 그는 선생님이 되기로 결정했다.

⇨ He | decided / divided | to be a teacher.

14 나는 모든 것이 궁금하다.

⇨ I am | curious / cute | about everything.

15 직진하다가 모퉁이에서 왼쪽으로 도세요.

⇨ Go straight and turn left at the | corner / cover | .

16-20 우리말에 맞는 영어 문장이 되도록 빈칸에 알맞은 단어를 <보기>에서 찾아 쓰세요.

보기	different	dish	dirty	delicious	(dinner)

16 저녁 식사 시간이야.

⇨ It is time for dinner .

17 그 쌍둥이는 서로 다르게 보인다.

⇨ The twins look _____ from each other.

18 흰 신발은 쉽게 더러워진다.

⇨ White shoes easily get _____ .

19 나는 설거지를 해야 한다.

⇨ I have to do the _____ es.

20 나는 맛있는 쿠키를 만들 수 있다.

⇨ I can make _____ cookies.

🎧 오늘의 단어 CHECK

☐ do　　☐ doctor　　☐ dog　　☐ doll　　☐ dolphin

오늘 배울 단어를 귀로 듣고 손으로 여러 번 쓰면서 확인하세요.

Ⓥ 하다

do
[duː][두ː]

do　do　do

Ⓝ 의사

doctor
[ˈdɑːktə(r)][닥ː터]

doctor　doctor　doctor

Ⓝ 개

dog
[dɔːg][독ː]

dog　dog　dog

Ⓝ 인형

doll
[dɑːl][돌ː]

doll　doll　doll

Ⓝ 돌고래

dolphin
[ˈdɑːlfɪn][돌ː핀]

dolphin　dolphin　dolphin

n 문

door
[dɔː(r)][도:어]

door   door   door

adj 두 배의

double
[ˈdʌbl][더블]

double   double   double

adv 아래로, 아래에

down
[daʊn][다운]

down   down   down

v 그리다, 당기다

draw
[drɔː][드로우]

draw   draw   draw

n 꿈, **v** 꿈을 꾸다

dream
[driːm][드림:]

dream   dream   dream

Week 06
02

MP3 오늘의 단어 CHECK

☐ drink ☐ drive ☐ drop ☐ dry ☐ duck

 오늘 배울 단어를 귀로 듣고 손으로 여러 번 쓰면서 확인하세요.

ⓝ 마실 것, ⓥ 마시다

drink drink drink

drink
[drɪŋk][드링크]

ⓥ 운전하다, 태워다 주다

drive drive drive

drive
[draɪv][드라이브]

ⓥ 떨어지다, 떨어뜨리다

drop drop drop

drop
[drɑːp][드랍ː]

**adj 마른,
ⓥ 마르다, 말리다**

dry dry dry

dry
[draɪ][드라이]

ⓝ 오리

duck duck duck

duck
[dʌk][덕]

prep ~동안, ~중에

during during during

during
[ˈdʊrɪŋ][듀링]

n 귀

ear ear ear

ear
[ɪr][이어]

adj 이른, **adv** 일찍

early early early

early
[ˈɜːrli][얼:리]

n 지구, 땅

earth earth earth

earth
[ɜːrθ][얼:쓰]

n 동쪽

east east east

east
[iːst][이:스트]

03

☐ easy ☐ eat ☐ egg ☐ elementary ☐ elephant

오늘 배울 단어를 귀로 듣고 손으로 여러 번 쓰면서 확인하세요.

adj 쉬운

easy
[ˈiːzi][이ː지]

easy   easy   easy

---

v 먹다

eat
[iːt][잍ː]

eat   eat   eat

---

n 달걀

egg
[eg][에그]

egg   egg   egg

---

adj 초보의, 초급의

elementary
[ˌelɪˈmentri][엘리멘터리]

elementary   elementary

---

n 코끼리

elephant
[ˈelɪfənt][엘리펀트]

elephant   elephant   elephant

ⓝ 끝, **ⓥ** 끝나다, 끝내다

end end end

end
[end][엔드]

ⓝ 엔진

engine engine engine

engine
[ˈendʒɪn][엔쥔]

ⓝ 기술자

engineer engineer engineer

engineer
[ˌendʒɪˈnɪr][엔지니어]

ⓥ 즐기다

enjoy enjoy enjoy

enjoy
[ɪnˈdʒɔɪ][인죠이]

adj 충분한

enough enough enough

enough
[ɪˈnʌf][이너프]

오늘 배울 단어를 귀로 듣고 손으로 여러 번 쓰면서 확인하세요.

ⓥ 들어가다

enter
[ˈentə(r)][엔터]

enter   enter   enter

ⓝ 지우개

eraser
[ɪˈreɪsər][이레이저]

eraser   eraser   eraser

ⓝ 실수, 오류

error
[ˈerə(r)][에러]

error   error   error

ⓝ 저녁

evening
[ˈiːvnɪŋ][이:브닝]

evening   evening   evening

adj 모든

every
[ˈevri][에브리]

every   every   every

ⓝ 시험

exam
[ɪgˈzæm][이그잼]

exam   exam   exam

ⓝ 예

example
[ɪgˈzæmpl][이그잼플]

example   example   example

ⓝ 운동, 연습

exercise
[ˈeksərsaɪz][엑서사이즈]

exercise   exercise   exercise

ⓝ 출구

exit
[ˈegzɪt][엑짓]

exit   exit   exit

ⓝ 눈

eye
[aɪ][아이]

eye   eye   eye

🎧 오늘의 단어 CHECK

☐ **face**　　☐ **fact**　　☐ **factory**　　☐ **fail**　　☐ **fall**

 오늘 배울 단어를 귀로 듣고 손으로 여러 번 쓰면서 확인하세요.

ⓝ 얼굴

face face face

face
[feɪs][페이스]

ⓝ 사실

fact fact fact

fact
[fækt][팩트]

ⓝ 공장

factory factory factory

factory
[ˈfæktəri][팩토리]

ⓥ 실패하다

fail fail fail

fail
[feɪl][페일]

ⓥ 넘어지다, ⓝ 가을

fall fall fall

fall
[fɔːl][폴ː]

□ family   □ famous   □ fan   □ fantastic   □ far

n 가족

family
[ˈfæməli][패밀리]

family family family

adj 유명한

famous
[ˈfeɪməs][페이머스]

famous famous famous

n 팬, 선풍기

fan
[fæn][팬]

fan fan fan

adj 환상적인

fantastic
[fænˈtæstɪk][팬태스틱]

fantastic fantastic fantastic

adj 먼

far
[fɑː(r)][파ː]

far far far

Week
01
02
03
04
05
06
07
08
09
10

79

01-06 우리말에 맞는 영어 단어가 되도록 빈칸에 알맞은 알파벳을 쓰세요.

01 얼굴 ⇨ `f` `a` `c` `e`

02 쉬운 ⇨ ☐ `a` ☐ ☐

03 돌고래 ⇨ ☐ `o` ☐ `p` ☐ `i` `n`

04 실수, 오류 ⇨ ☐ `r` ☐ `o` ☐

05 환상적인 ⇨ ☐ `a` `n` ☐ `a` `s` ☐ `i` `c`

06 공장 ⇨ ☐ `a` ☐ `t` `o` ☐ `y`

07-10 그림에 맞게 주어진 알파벳을 배열하여 영어 단어를 완성하세요.

07

`n w d o`

down

08

`e t l e p h a n`

09

`e r n e g i n e`

10

`e e x s e r c i`

11-15 우리말에 맞는 영어 문장이 되도록 둘 중 알맞은 단어를 고르세요.

11 우리는 행복한 가족이다.
⇨ We are a happy (fact / **family**) .

12 나는 매일 축구 연습을 한다.
⇨ I practice soccer [**every** / enough] day.

13 이 약을 먹고 따뜻한 물을 마셔라.
⇨ Take this medicine and [**drink** / drive] warm water.

14 나의 부모님은 일찍 일어나신다.
⇨ My parents get up [**early** / easy] .

15 나는 시험에 떨어졌다.
⇨ I [**failed** / dropped] in the exam.

16-20 우리말에 맞는 영어 문장이 되도록 빈칸에 알맞은 단어를 〈보기〉에서 찾아 쓰세요.

보기   eraser   evening   famous   enjoy   enter

16 네 지우개를 빌려 줄 수 있어?
⇨ Can I borrow your eraser ?

17 나는 저녁에 샤워를 한다.
⇨ I take a shower in the _____.

18 내가 사는 도시에 유명한 다리가 있다.
⇨ There is a(n) _____ bridge in my city.

19 그 손님들은 내 집으로 들어왔다.
⇨ The guests _____ed my house.

20 우리는 한국의 문화를 즐길 수 있다.
⇨ We can _____ Korean culture.

오늘 배울 단어를 귀로 듣고 손으로 여러 번 쓰면서 확인하세요.

ⓝ 농장

farm
[fɑːrm][팜ː]

farm farm farm

adj 빠른, adv 빨리

fast
[fæst][패스트]

fast fast fast

adj 뚱뚱한, ⓝ 지방

fat
[fæt][팻]

fat fat fat

ⓝ 아버지

father
[ˈfɑːðə(r)][파ː더]

father father father

adj 좋아하는

favorite / favourite
[ˈfeɪvərɪt][페이버릿]

favorite/favourite

Week

01

02

03

04

05

06

07

08

09

10

ⓥ 느끼다, ⓝ 느낌

feel
[fiːl][필:]

feel feel feel

ⓝ 열

fever
[ˈfiːvə(r)][피:버]

fever fever fever

ⓝ 들판

field
[fiːld][필:드]

field field field

ⓥ 싸우다, ⓝ 싸움

fight
[faɪt][파잇트]

fight fight fight

ⓝ 파일

file
[faɪl][파일]

file file file

오늘 배울 단어를 귀로 듣고 손으로 여러 번 쓰면서 확인하세요.

ⓥ 채우다

fill
[fɪl][필]

fill fill fill

ⓥ 발견하다

find
[faɪnd][파인드]

find find find

adj 좋은, 건강한

fine
[faɪn][파인]

fine fine fine

ⓝ 손가락

finger
[ˈfɪŋɡə(r)][핑거]

finger finger finger

ⓥ 끝내다, 끝나다

finish
[ˈfɪnɪʃ][피니쉬]

finish finish finish

Week

01
02
03
04
05
06
07
08
09
10

ⓝ 불

fire fire fire

fire
[ˈfaɪə(r)][파이어]

ⓝ 물고기

fish fish fish

fish
[fɪʃ][피쉬]

ⓥ 고정하다

fix fix fix

fix
[fɪks][픽스]

ⓝ 깃발

flag flag flag

flag
[flæg][플래그]

ⓝ 바닥

floor floor floor

floor
[flɔː(r)][플로:어]

🎧 오늘의 단어 CHECK

☐ **flower**　　☐ **fly**　　☐ **focus**　　☐ **fog**　　☐ **food**

오늘 배울 단어를 귀로 듣고 손으로 여러 번 쓰면서 확인하세요.

ⓝ 꽃

flower
[ˈflaʊə(r)][플라워]

flower　flower　flower

ⓥ 날다, 날리다

fly
[flaɪ][플라이]

fly　fly　fly

ⓥ 집중하다, ⓝ 초점

focus
[ˈfoʊkəs][포커스]

focus　focus　focus

ⓝ 안개

fog
[fɔːg][포:그]

fog　fog　fog

ⓝ 식품, 음식

food
[fuːd][푸:드]

food　food　food

□ fool   □ foot   □ football   □ for   □ forest

n 바보, 광대

fool fool fool

fool
[fuːl][풀ː]

n 발

foot foot foot

foot
[fʊt][풋]

n 축구

football football football

football
[ˈfʊtbɔːl][풋볼ː]

prep ~을 위한

for for for

for
[fɔː(r)][포ː]

n 숲

forest forest forest

forest
[ˈfɔːrɪst][포ː리스트]

오늘 배울 단어를 귀로 듣고 손으로 여러 번 쓰면서 확인하세요.

adv 영원히

forever
[fərˈevə(r)][포에버]

forever forever forever

---

v 잊어버리다

forget
[fərˈget][폴겟]

forget forget forget

---

n 형태

form
[fɔːrm][폼ː]

form form form

---

n 여우

fox
[fɑːks][팍ː스]

fox fox fox

---

adj 자유로운

free
[friː][프리ː]

free free free

adj 신선한

fresh
[freʃ][프레쉬]

fresh fresh fresh

n 친구

friend
[frend][프렌드]

friend friend friend

n 개구리

frog
[frɔːg][프록:]

frog frog frog

prep ~부터

from
[frɑːm][프람:]

from from from

n 앞면, 앞쪽

front
[frʌnt][프론트]

front front front

89

오늘 배울 단어를 귀로 듣고 손으로 여러 번 쓰면서 확인하세요.

ⓝ 과일

fruit
[fruːt][프루:트]

fruit   fruit   fruit

ⓥ 굽다, 튀기다

fry
[fraɪ][프라이]

fry   fry   fry

adj 가득한

full
[fʊl][풀]

full   full   full

ⓝ 재미, adj 재미있는

fun
[fʌn][펀]

fun   fun   fun

ⓝ 미래

future
[ˈfjuːtʃə(r)][퓨:쳐]

future   future   future

Week

01
02
03
04
05
06
07
08
09
10

ⓝ 정원

garden garden garden

garden
[ˈɡɑːrdn][가ː든]

ⓝ 문

gate gate gate

gate
[ɡeɪt][게이트]

ⓝ 신사

gentleman gentleman

gentleman
[ˈdʒentlmən][젠틀맨]

ⓝ 몸짓

gesture gesture gesture

gesture
[ˈdʒestʃə(r)][제스처]

ⓥ 받다, 얻다

get get get

get
[ɡet][겟]

WEEKLY TEST 07

01-06 우리말에 맞는 영어 단어가 되도록 빈칸에 알맞은 알파벳을 쓰세요.

01	개구리 ⇨	f	r	o	g
02	친구 ⇨	f		i		n	
03	영원히 ⇨	f		r	e		e	
04	집중하다, 초점 ⇨		o		u	
05	신사 ⇨		e	n		l	e	m		n
06	손가락 ⇨		i	n		e	

07-10 그림에 맞게 주어진 알파벳을 배열하여 영어 단어를 완성하세요.

07  d a e n g r

garden

08  g f o

09  a f r m

10  h t i f g

우리말에 맞는 영어 문장이 되도록 둘 중 알맞은 단어를 고르세요.

11 나는 신선한 과일을 샀다.

⇨ I bought (fresh / free) fruits.

12 호수 주변에 숲이 있다.

⇨ There is a [forest / flower] around the lake.

13 나는 Daniel로부터 메시지를 받았다.

⇨ I got a message [form / from] Daniel.

14 나의 눈은 눈물로 가득 찼다.

⇨ My eyes were [full / fun] of tears.

15 미래에는 무슨 일이 일어날까?

⇨ What will happen in the [gesture / future] ?

16-20 우리말에 맞는 영어 문장이 되도록 빈칸에 알맞은 단어를 <보기>에서 찾아 쓰세요.

보기	forget	fast	feel	fever	favorite

16 나는 열이 있다.

⇨ I have a fever .

17 네 우산을 갖고 오는 것을 잊지 마라.

⇨ Don't _____ to bring your umbrella.

18 나는 네가 곧 괜찮아지길 바라.

⇨ I hope you will _____ better soon.

19 치타는 정말 빨리 달릴 수 있다.

⇨ Cheetahs can run very _____ .

20 네가 정말 좋아하는 수업은 무엇이니?

⇨ What is your _____ class?

01

☐ **ghost**   ☐ **giant**   ☐ **gift**   ☐ **giraffe**   ☐ **girl**

오늘 배울 단어를 귀로 듣고 손으로 여러 번 쓰면서 확인하세요.

ⓝ 유령

ghost
[goʊst][고스트]

ghost   ghost   ghost

ⓝ 거인, ⓐⓓⓙ 거대한

giant
[ˈdʒaɪənt][자이언트]

giant   giant   giant

ⓝ 선물

gift
[gɪft][기프트]

gift   gift   gift

ⓝ 기린

giraffe
[dʒəˈræf][지래프]

giraffe   giraffe   giraffe

ⓝ 소녀

girl
[gɜːrl][걸:]

girl   girl   girl

ⓥ 주다

give
[gɪv][기브]

give give give

adj 기쁜

glad
[glæd][글래드]

glad glad glad

ⓝ 유리

glass
[glæs][글래스]

glass glass glass

ⓝ 장갑

glove
[glʌv][글러브]

glove glove glove

ⓝ 접착제

glue
[gluː][글루:]

glue glue glue

Week
01 02 03 04 05 06 07 08 09 10

02

☐ go   ☐ goal   ☐ god   ☐ gold   ☐ good

오늘 배울 단어를 귀로 듣고 손으로 여러 번 쓰면서 확인하세요.

ⓥ 가다

go
[goʊ][고우]

go go go

ⓝ 골문, 골, 목표

goal
[goʊl][고울]

goal goal goal

ⓝ 신

god
[ɡɑːd][갓ː]

god god god

ⓝ 금, adj 금빛의

gold
[goʊld][골드]

gold gold gold

adj 좋은, ⓝ 선

good
[ɡʊd][굿]

good good good

안녕(헤어질 때 인사)

goodbye goodbye goodbye

goodbye
[ˌɡʊdˈbaɪ][굿바이]

n 할아버지

grandfather grandfather

grandfather
[ˈɡrænfɑːðə(r)][그랜파:더]

n 포도

grape grape grape

grape
[ɡreɪp][그레이프]

n 풀

grass grass grass

grass
[ɡræs][그래스]

adj 큰, 위대한

great great great

great
[ɡreɪt][그레이트]

오늘 배울 단어를 귀로 듣고 손으로 여러 번 쓰면서 확인하세요.

n, **adj** 초록색(의)

green green green

green
[griːn][그린ː]

n, **adj** 회색(의)

grey/gray grey/gray

grey / gray
[greɪ][그레이]

n 땅, 토지, **pl** 운동장

ground ground ground

ground
[graʊnd][그라운드]

n 무리, 그룹

group group group

group
[gruːp][그룹ː]

v 커지다, 자라다

grow grow grow

grow
[groʊ][그로우]

Week

01
02
03
04
05
06
07
08
09
10

ⓥ 생각하다

guess
[ges][게스]

guess   guess   guess

ⓝ 안내, ⓥ 안내하다

guide
[gaɪd][가이드]

guide   guide   guide

ⓝ 남자

guy
[gaɪ][가이]

guy   guy   guy

ⓝ 습관, 버릇

habit
['hæbɪt][해빗]

habit   habit   habit

ⓝ 머리카락

hair
[her][헤어]

hair   hair   hair

🎧 오늘의 단어 CHECK

☐ hand　☐ handsome　☐ hang　☐ happy　☐ hard

오늘 배울 단어를 귀로 듣고 손으로 여러 번 쓰면서 확인하세요.

ⓝ 손

hand
[hænd][핸드]

hand　hand　hand

adj 잘생긴

handsome
[ˈhænsəm][핸썸]

handsome　handsome

ⓥ 매달다, 걸다

hang
[hæŋ][행]

hang　hang　hang

adj 행복한

happy
[ˈhæpi][해피]

happy　happy　happy

adj 단단한, 어려운

hard
[hɑːrd][하:드]

hard　hard　hard

n 모자

hat
[hæt][햇]

hat hat hat

---

v 싫어하다

hate
[heɪt][헤이트]

hate hate hate

---

v 가지다

have
[hæv][해브]

have have have

---

pron 그

he
[hiː][히ː]

he he he

---

n 머리

head
[hed][헤드]

head head head

🎧 오늘의 단어 CHECK

☐ headache   ☐ heart   ☐ heat   ☐ heaven   ☐ heavy

오늘 배울 단어를 귀로 듣고 손으로 여러 번 쓰면서 확인하세요.

ⓝ 두통

headache
['hedeɪk][헤데이크]

headache   headache

ⓝ 심장, 가슴, 마음

heart
[hɑːrt][할:트]

heart   heart   heart

ⓝ 열

heat
[hiːt][힛:]

heat   heat   heat

ⓝ 천국

heaven
['hevn][헤븐]

heaven   heaven   heaven

adj 무거운

heavy
['hevi][헤비]

heavy   heavy   heavy

Week

01
02
03
04
05
06
07
08
09
10

ⓝ 헬리콥터

helicopter
[ˈhelɪkɑːptə(r)][헬리캅:터]

helicopter   helicopter

안녕(만나서 하는 인사)

hello / hey / hi
[həˈloʊ/heɪ/haɪ]
[헬로/헤이/하이]

hello/hey/hi   hello/hey/hi

ⓥ 도와주다, ⓝ 도움

help
[help][헬프]

help   help   help

adv 여기에

here
[hɪr][히어]

here   here   here

ⓝ 영웅

hero
[ˈhiːroʊ][히:어로]

hero   hero   hero

103

01-06 우리말에 맞는 영어 단어가 되도록 빈칸에 알맞은 알파벳을 쓰세요.

01	무리, 그룹	⇨	g	r	o	u	p
02	거인, 거대한	⇨		i		n	
03	큰, 위대한	⇨		r		a	
04	천국	⇨		e		v		n
05	유령	⇨		h		s	
06	잘생긴	⇨	h		n		s	o		e

07-10 그림에 맞게 주어진 알파벳을 배열하여 영어 단어를 완성하세요.

⑦ e g v l o

glove

⑧ g e l u

⑨ p g r a e

⑩ g e f i r a f

11-15 우리말에 맞는 영어 문장이 되도록 둘 중 알맞은 단어를 고르세요.

11 너의 장래 계획을 세워라.

⇨ Set your future [gold / (goal)].

12 저를 도와줄 수 있나요?

⇨ Can you [hang / help] me?

13 그녀가 누구인지 맞혀 보세요.

⇨ Try to [guide / guess] who she is.

14 규칙적으로 운동하는 것은 좋은 습관이다.

⇨ Exercising regularly is a good [habit / hat].

15 나는 이 무거운 가방을 들고 다닐 수 없다.

⇨ I can't carry this [heavy / hard] bag.

16-20 우리말에 맞는 영어 문장이 되도록 빈칸에 알맞은 단어를 <보기>에서 찾아 쓰세요.

| 보기 | grow | (hair) | grass | glass | headache |

16 나는 긴 생머리를 갖고 있다.

⇨ I have long straight hair .

17 바오밥 나무는 엄청 크게 자랄 수 있다.

⇨ Baobab trees can _____ very tall.

18 유리와 캔을 휴지통에 넣어라.

⇨ Put _____ and cans in the recycle bin.

19 코끼리들은 많은 풀과 잎을 먹는다.

⇨ Elephants eat a lot of _____ and leaves.

20 당신은 두통이 있나요?

⇨ Do you have a _____ ?

MP3 오늘의 단어 CHECK

☐ high   ☐ hill   ☐ history   ☐ hit   ☐ hobby

오늘 배울 단어를 귀로 듣고 손으로 여러 번 쓰면서 확인하세요.

adj 높은

high
[haɪ][하이]

high high high

n 언덕

hill
[hɪl][힐]

hill hill hill

n 역사

history
['hɪstəri][히스토리]

history history history

v 치다, n 치기, 타격

hit
[hɪt][힛]

hit hit hit

n 취미

hobby
['hɑːbi][하ː비]

hobby hobby hobby

ⓥ 쥐다, 잡다

hold hold hold

hold
[hoʊld][호울드]

ⓝ 휴일, 휴가

holiday holiday holiday

holiday
[ˈhɑːlədeɪ][할:러데이]

ⓝ 집

home home home

home
[hoʊm][호움]

ⓝ 숙제

homework homework

homework
[ˈhoʊmwɜːrk][호움월:크]

adj 정직한

honest honest honest

honest
[ˈɑːnɪst][아:니스트]

Week
01
02
03
04
05
06
07
08
09
10

🎧 오늘의 단어 CHECK

☐ honey   ☐ hope   ☐ horse   ☐ hospital   ☐ hot

오늘 배울 단어를 귀로 듣고 손으로 여러 번 쓰면서 확인하세요.

n 꿀

honey honey honey

honey
[ˈhʌni][허니]

v 바라다, 희망하다

hope hope hope

hope
[hoʊp][호프]

n 말

horse horse horse

horse
[hɔːrs][홀:스]

n 병원

hospital hospital hospital

hospital
[ˈhɑːspɪtl][하:스피틀]

adj 뜨거운, 매운

hot hot hot

hot
[hɑːt][핫:]

ⓝ 시간

hour hour hour

hour
[ˈaʊə(r)][아우어]

ⓝ 집

house house house

house
[haʊz][하우스]

adv 어떻게

how how how

how
[haʊ][하우]

conj 그러나

however however however

however
[haʊˈevə(r)][하우에버]

ⓝ 인간

human human human

human
[ˈhjuːmən][휴ː먼]

🎵 오늘의 단어 CHECK

☐ humor/humour

☐ hundred ☐ hungry ☐ hunt ☐ hurry

오늘 배울 단어를 귀로 듣고 손으로 여러 번 쓰면서 확인하세요.

ⓝ 유머

humor / humour
[hjúːmər][휴ː머]

humor/humour   humor/humour

ⓝ 100(백)

hundred
[ˈhʌndrəd][헌드레드]

hundred   hundred   hundred

adj 배고픈

hungry
[ˈhʌŋgri][헝그리]

hungry   hungry   hungry

ⓥ 사냥하다

hunt
[hʌnt][헌트]

hunt   hunt   hunt

ⓥ 서두르다

hurry
[ˈhɜːri][허ː뤼]

hurry   hurry   hurry

n 남편

husband husband husband

husband
[ˈhʌzbənd][허즈번드]

pron 나

I I I

I
[aɪ][아이]

n 얼음

ice ice ice

ice
[aɪs][아이스]

n 생각

idea idea idea

idea
[aɪˈdiːə][아이디:어]

conj (만약) ~면

if if if

if
[ɪf][이프]

🎧 오늘의 단어 CHECK

☐ important   ☐ in   ☐ inside   ☐ into   ☐ introduce

오늘 배울 단어를 귀로 듣고 손으로 여러 번 쓰면서 확인하세요.

adj 중요한

important
[ɪmˈpɔːrtnt][임폴:턴트]

important   important

prep ~에, adv 안에

in
[ɪn][인]

in   in   in

prep ~의 안에

inside
[ˌɪnˈsaɪd][인싸이드]

inside   inside   inside

prep ~안으로

into
[ˈɪntuː][인투:]

into   into   into

v 소개하다

introduce
[ˌɪntrəˈdjuːs][인트로듀:스]

introduce   introduce   introduce

Week

01

02

03

04

05

06

07

08

09

10

ⓥ 초대하다

invite
[ɪnˈvaɪt][인바이트]

invite invite invite

pron 그것

it
[ɪt][잇]

it it it

ⓝ 청바지

jeans
[dʒiːnz][진ː즈]

jeans jeans jeans

ⓝ 직업

job
[dʒɑːb][잡ː]

job job job

ⓥ 연결하다, 가입하다

join
[dʒɔɪn][조인]

join join join

113

오늘 배울 단어를 귀로 듣고 손으로 여러 번 쓰면서 확인하세요.

n 기쁨

joy
[dʒɔɪ][조이]

joy joy joy

adv 딱, adj 공정한

just
[dʒʌst][저스트]

just just just

v 유지하다

keep
[ki:p][킵:]

keep keep keep

n 열쇠

key
[ki:][키:]

key key key

v 차다, n 발길질

kick
[kɪk][킥]

kick kick kick

Week

01
02
03
04
05
06
07
08
09
10

ⓝ 아이

kid
[kɪd][키드]

kid kid kid

ⓥ 죽이다

kill
[kɪl][킬]

kill kill kill

adj 친절한

kind
[kaɪnd][카인드]

kind kind kind

ⓝ 왕

king
[kɪŋ][킹]

king king king

ⓝ 부엌

kitchen
[ˈkɪtʃɪn][키췬]

kitchen kitchen kitchen

WEEKLY TEST
09

01-06 우리말에 맞는 영어 단어가 되도록 빈칸에 알맞은 알파벳을 쓰세요.

01 **언덕** ⇨ h i l l

02 **부엌** ⇨ ☐ i t ☐ h ☐ n

03 **쥐다, 잡다** ⇨ ☐ o ☐ ☐

04 **인간** ⇨ ☐ u ☐ a ☐

05 **서두르다** ⇨ ☐ u ☐ r ☐

06 **꿀** ⇨ ☐ o ☐ e ☐

07-10 그림에 맞게 주어진 알파벳을 배열하여 영어 단어를 완성하세요.

⑦ 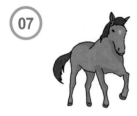 orshe

horse

⑧  hlosapit

☐

⑨  ouhr

☐

⑩  asjen

☐

우리말에 맞는 영어 문장이 되도록 둘 중 알맞은 단어를 고르세요.

11 Susan은 엄청 친절하다.

⇨ Susan is very (king / (kind)).

12 나는 한국사 공부하는 것을 좋아한다.

⇨ I like to study Korean (history / holiday).

13 내 숙제를 베끼지 마라.

⇨ Don't copy my (home / homework).

14 당신의 직업은 무엇인가요?

⇨ What is your (job / joy)?

15 너는 배가 고프니?

⇨ Are you (hungry / honest)?

16-20 우리말에 맞는 영어 문장이 되도록 빈칸에 알맞은 단어를 〈보기〉에서 찾아 쓰세요.

보기 (hobby) introduce important keep invite

16 너의 취미는 무엇이니?

⇨ What is your hobby ?

17 나는 내 친구들을 파티에 초대했다.

⇨ I _____d my friends to the party.

18 내 경력은 내게 중요하다.

⇨ My career is _____ to me.

19 제 소개를 하겠습니다.

⇨ Let me _____ myself.

20 네 등을 곧게 유지해라.

⇨ _____ your back straight.

오늘 배울 단어를 귀로 듣고 손으로 여러 번 쓰면서 확인하세요.

ⓝ 칼

knife
[naɪf][나이프]

knife knife knife

ⓥ 알다

know
[noʊ][노우]

know know know

ⓝ 숙녀

lady
['leɪdi][레이디]

lady lady lady

ⓝ 호수

lake
[leɪk][레이크]

lake lake lake

ⓝ 땅

land
[lænd][랜드]

land land land

Week

01
02
03
04
05
06
07
08
09
10

adj 큰

large large large

large
[lɑːrdʒ][라:쥐]

adj 마지막의,
v 지속하다

last last last

last
[læst][래스트]

adj 늦은

late late late

late
[leɪt][레이트]

adj 게으른

lazy lazy lazy

lazy
[ˈleɪzi][레이지]

n 나뭇잎

leaf leaf leaf

leaf
[liːf][리:프]

119

오늘 배울 단어를 귀로 듣고 손으로 여러 번 쓰면서 확인하세요.

ⓥ 배우다

learn learn learn

learn
[lɜːrn][런ː]

ⓝ, adj 왼쪽(의)

left left left

left
[left][레프트]

ⓝ 다리

leg leg leg

leg
[leg][렉]

ⓝ 수업

lesson lesson lesson

lesson
['lesn][레슨]

ⓝ 편지

letter letter letter

letter
['letə(r)][레터]

Week

01
02
03
04
05
06
07
08
09
10

ⓝ 도서관

library library library

library
[ˈlaɪbrəri][라이브러리]

ⓥ 눕다, 거짓말하다,
ⓝ 거짓말

lie lie lie

lie
[laɪ][라이]

ⓝ 빛, ⓐⓓⓙ 가벼운

light light light

light
[laɪt][라이트]

ⓥ 좋아하다,
prep ~와 비슷한

like like like

like
[laɪk][라이크]

ⓝ 선, 줄

line line line

line
[laɪn][라인]

🎵 오늘의 단어 CHECK

☐ lion ☐ lip ☐ listen ☐ little ☐ live

오늘 배울 단어를 귀로 듣고 손으로 여러 번 쓰면서 확인하세요.

ⓝ 사자

lion
[ˈlaɪən][라이언]

lion lion lion

ⓝ 입술

lip
[lɪp][립]

lip lip lip

ⓥ 듣다

listen
[ˈlɪsn][리슨]

listen listen listen

adj 작은

little
[ˈlɪtl][리틀]

little little little

ⓥ 살다, adj 살아있는

live
[lɪv/laɪv][리브/라이브]

live live live

□ living room   □ long   □ look   □ love   □ low

ⓝ 거실

living room   living room

living room
[ˈlɪvɪŋ ˌruːm][리빙 룸:]

adj 긴

long   long   long

long
[lɔːŋ][롱:]

ⓥ 보다

look   look   look

look
[lʊk][룩]

ⓝ 사랑, ⓥ 사랑하다

love   love   love

love
[lʌv][러브]

adj 낮은

low   low   low

low
[loʊ][로우]

🎧 오늘의 단어 CHECK

☐ luck　　☐ lunch　　☐ mad　　☐ mail　　☐ make

오늘 배울 단어를 귀로 듣고 손으로 여러 번 쓰면서 확인하세요.

n 운

luck　luck　luck

luck
[lʌk][럭]

n 점심식사

lunch　lunch　lunch

lunch
[lʌntʃ][런취]

adj 미친

mad　mad　mad

mad
[mæd][매드]

n 우편(물)

mail　mail　mail

mail
[meɪl][메일]

v 만들다

make　make　make

make
[meɪk][메이크]

ⓝ 사람, 남자

man man man

man
[mæn][맨]

adj 많은

many many many

many
['meni][메니]

ⓝ 지도

map map map

map
[mæp][맵]

ⓥ 결혼하다

marry marry marry

marry
['mæri][매리]

ⓝ 수학

math math math

math
[mǽθ][매쓰]

오늘의 단어 CHECK

☐ may ☐ meat ☐ meet ☐ memory ☐ middle

오늘 배울 단어를 귀로 듣고 손으로 여러 번 쓰면서 확인하세요.

~일지도 모른다,
n (May)5월

may
[meɪ][메이]

may may may

n 고기

meat
[miːt][밋:]

meat meat meat

v 만나다

meet
[miːt][밋:]

meet meet meet

n 기억

memory
['meməri][메모리]

memory memory memory

n, **adj** 가운데(의)

middle
['mɪdl][미들]

middle middle middle

Week

01
02
03
04
05
06
07
08
09
10

ⓝ 힘, (may의 과거)

might
[máit][마이트]

might　might　might

ⓝ 우유

milk
[mɪlk][밀크]

milk　milk　milk

ⓝ 마음

mind
[maɪnd][마인드]

mind　mind　mind

ⓝ 거울

mirror
[ˈmɪrə(r)][미러]

mirror　mirror　mirror

ⓥ 그리워하다, 놓치다,
ⓝ (Miss) ~양

miss
[mɪs][미스]

miss　miss　miss

127

WEEKLY TEST
10

01-06 우리말에 맞는 영어 단어가 되도록 빈칸에 알맞은 알파벳을 쓰세요.

01 **수학** ⇨ | m | a | t | h |

02 **빛, 가벼운** ⇨ | | i | | h | |

03 **기억** ⇨ | | e | | o | | y |

04 **점심식사** ⇨ | l | | n | | |

05 **도서관** ⇨ | l | | b | r | | | y |

06 **칼** ⇨ | | n | | f | |

07-10 그림에 맞게 주어진 알파벳을 배열하여 영어 단어를 완성하세요.

07  ilon

lion

08  rmriro

09  amryr

10 elrtte

11-15 우리말에 맞는 영어 문장이 되도록 둘 중 알맞은 단어를 고르세요.

11 나는 학교에 늦었다.

⇨ I'm ((late)/ lazy) for school.

12 캥거루는 긴 꼬리를 갖고 있다.

⇨ A kangaroo has a (large / long) tail.

13 버스 정류장에서 만나자.

⇨ Let's (meet / meat) at the bus stop.

14 도로에 많은 차들이 있다.

⇨ There are (mad / many) cars on the road.

15 그들은 눈사람을 만들기를 원한다.

⇨ They want to (make / miss) a snowman.

16-20 우리말에 맞는 영어 문장이 되도록 빈칸에 알맞은 단어를 〈보기〉에서 찾아 쓰세요.

보기	listen	luck	(learn)	like	map

16 우리는 스페인어를 배울 것이다.

⇨ We are going to learn Spanish.

17 이 지도상에서 지금 저는 어디에 있죠?

⇨ Where am I now on this   ?

18 나는 음악을 듣고 있다.

⇨ I'm   ing to music.

19 네 잎 클로버는 행운의 상징이다.

⇨ A four-leaf clover is a symbol of good   .

20 나를 아이처럼 대하지 마세요.

⇨ Don't treat me   a child.

🎧 오늘의 단어 CHECK

□ money

□ monkey   □ month   □ moon   □ morning

오늘 배울 단어를 귀로 듣고 손으로 여러 번 쓰면서 확인하세요.

ⓝ 돈

money   money   money

money
['mʌni][머니]

ⓝ 원숭이

monkey   monkey   monkey

monkey
['mʌŋki][멍키]

ⓝ 달

month   month   month

month
[mʌnθ][먼쓰]

ⓝ 달

moon   moon   moon

moon
[muːn][문ː]

ⓝ 아침

morning   morning   morning

morning
['mɔːrnɪŋ][모ː닝]

Week

11 — 12 — 13 — 14 — 15 — 16 — 17 — 18 — 19 — 20

ⓝ 어머니

mother
[ˈmʌðə(r)][마더]

mother mother mother

ⓝ 산

mountain
[ˈmaʊntn][마운틴]

mountain mountain mountain

ⓝ 쥐, 마우스

mouse
[maʊs][마우스]

mouse mouse mouse

ⓝ 입

mouth
[maʊθ][마우쓰]

mouth mouth mouth

ⓥ 움직이다

move
[muːv][무:브]

move move move

131

🎧 오늘의 단어 CHECK

☐ movie   ☐ much   ☐ museum   ☐ music   ☐ must

오늘 배울 단어를 귀로 듣고 손으로 여러 번 쓰면서 확인하세요.

ⓝ 영화

movie
[ˈmuːvi][무:비]

movie   movie   movie

adj 많은, adv 많이

much
[mʌtʃ][머취]

much   much   much

ⓝ 박물관

museum
[mjuˈziːəm][뮤지:엄]

museum   museum   museum

ⓝ 음악

music
[ˈmjuːzɪk][뮤:직]

music   music   music

~해야 한다

must
[mʌst][머스트]

must   must   must

ⓝ 이름

name
[neɪm][네임]

name name name

ⓝ 국가, 국민

nation
[ˈneɪʃn][네이션]

nation nation nation

ⓝ 자연

nature
[ˈneɪtʃə(r)][네이처]

nature nature nature

adj 가까운

near
[nɪr][니어]

near near near

ⓝ 목

neck
[nek][넥]

neck neck neck

Week
11 12 13 14 15 16 17 18 19 20

03

☐ **need**　　☐ **never**　　☐ **new**　　☐ **newspaper**　　☐ **next**

오늘 배울 단어를 귀로 듣고 손으로 여러 번 쓰면서 확인하세요.

ⓥ 필요하다, ⓝ 필요

need
[niːd][니ː드]

need　need　need

---

adv 결코 ~않다

never
[ˈnevə(r)][네버]

never　never　never

---

adj 새로운

new
[nuː][뉴ː]

new　new　new

ⓝ 신문

newspaper
[ˈnuːzpeɪpə(r)][뉴ː스페이퍼]

newspaper　newspaper

---

adj 다음의

next
[nekst][넥스트]

next　next　next

adj 멋진

nice

[naɪs][나이스]

nice   nice   nice

n 밤

night

[naɪt][나이트]

night   night   night

아니요

no / nope / nay

[noʊ/noʊp/neɪ]
[노/노프/네이]

no/nope/nay   no/nope/nay

n 정오

noon

[nuːn][눈ː]

noon   noon   noon

n 북쪽

north

[nɔːrθ][놀ː쓰]

north   north   north

Week

11
12
13
14
15
16
17
18
19
20

135

오늘의 단어 CHECK

☐ nose   ☐ not   ☐ note   ☐ nothing   ☐ now

오늘 배울 단어를 귀로 듣고 손으로 여러 번 쓰면서 확인하세요.

ⓝ 코

nose
[noʊz][노우즈]

nose   nose   nose

adv ~아니다

not
[nɑːt][낫ː]

not   not   not

ⓝ 메모, 쪽지

note
[noʊt][노트]

note   note   note

pron 아무것도 아닌 것

nothing
[ˈnʌθɪŋ][낫띵]

nothing   nothing   nothing

adv 지금

now
[naʊ][나우]

now   now   now

Ⓝ 숫자

number number number

number
[ˈnʌmbə(r)][넘버]

Ⓝ 간호사

nurse nurse nurse

nurse
[nɜːrs][널:스]

Ⓝ 대양

ocean ocean ocean

ocean
[ˈoʊʃn][오션]

prep ~의

of of of

of
[ʌv][오브]

adv (어떤 곳에서 멀리로)

off off off

off
[ɔːf][오:프]

🎧 오늘의 단어 CHECK

☐ office ☐ often ☐ oil ☐ old ☐ on

오늘 배울 단어를 귀로 듣고 손으로 여러 번 쓰면서 확인하세요.

ⓝ 사무실

office
[ˈɔːfɪs][오:피스]

office office office

adv 자주

often
[ˈɔːfn][오:픈]

often often often

ⓝ 기름, 석유

oil
[ɔɪl][오일]

oil oil oil

adj 나이든

old
[oʊld][올드]

old old old

prep ~위에

on
[ɔːn][온:]

on on on

n, **adj** 하나(의)

one one one

one
[wʌn][원]

adj 유일한

only only only

only
['oʊnli][온리]

adj 열린, **v** 열다

open open open

open
['oʊpən][오픈]

conj 또는, 혹은

or or or

or
[ɔː(r)][오ː얼]

adv, **prep** 밖으로

out out out

out
[aʊt][아웃]

139

01-06 우리말에 맞는 영어 단어가 되도록 빈칸에 알맞은 알파벳을 쓰세요.

01 유일한 ⇨ | o | n | l | y |

02 숫자 ⇨ | | u | | b | e | |

03 북쪽 ⇨ | | o | | t | |

04 박물관 ⇨ | | u | | e | | m |

05 입 ⇨ | | o | | t | |

06 신문 ⇨ | | e | | s | p | a | | e | r |

07-10 그림에 맞게 주어진 알파벳을 배열하여 영어 단어를 완성하세요.

07

m i e o v

movie

08

o n k e m y

09

o m e t h r

10

m e o u s

11-15 우리말에 맞는 영어 문장이 되도록 둘 중 알맞은 단어를 고르세요.

11 나는 콧물이 나와요.

⇨ I have a runny (nose) / neck .

12 우리는 순수한 자연을 즐길 수 있다.

⇨ We can enjoy pure nature / nation .

13 나는 정오에 점심을 먹는다.

⇨ I have lunch at moon / noon .

14 저 나이든 여자 분은 누구신가요?

⇨ Who is that old / new lady?

15 벤치 위에 큰 고양이 한 마리가 있다.

⇨ There is a big cat on / of the bench.

16-20 우리말에 맞는 영어 문장이 되도록 빈칸에 알맞은 단어를 <보기>에서 찾아 쓰세요.

보기	night	(name)	morning	now	often

16 당신의 이름을 써 주세요.

⇨ Write down your name , please.

17 지금 기분이 어때요?

⇨ How do you feel ?

18 나는 매일 아침 그 꽃에 물을 준다.

⇨ I water the flower every .

19 나는 종종 내 친구들과 함께 캠핑을 간다.

⇨ I go camping with my friends.

20 우리는 밤에 영화를 볼 예정이다.

⇨ We are going to watch the movie at .

오늘 배울 단어를 귀로 듣고 손으로 여러 번 쓰면서 확인하세요.

prep ~위에

over
[ˈoʊvə(r)][오버]

over　over　over

n 페인트,
v 페인트를 칠하다

paint
[peɪnt][페인트]

paint　paint　paint

n 궁전

palace
[ˈpæləs][팰리스]

palace　palace　palace

n 바지

pants
[pænts][팬츠]

pants　pants　pants

n 종이

paper
[ˈpeɪpə(r)][페이퍼]

paper　paper　paper

ⓝ 부모

parent
[ˈperənt][페어런트]

parent parent parent

ⓝ 공원

park
[pɑːrk][파ː크]

park park park

ⓝ 일부, 부분

part
[pɑːrt][파ː트]

part part part

ⓥ 통과하다, 합격하다

pass
[pæs][패스]

pass pass pass

ⓥ 지불하다

pay
[peɪ][페이]

pay pay pay

Week
11
12
13
14
15
16
17
18
19
20

143

🎧 오늘의 단어 CHECK

☐ peace   ☐ pear   ☐ pencil   ☐ people   ☐ pick

오늘 배울 단어를 귀로 듣고 손으로 여러 번 쓰면서 확인하세요.

🄝 평화

peace
[piːs][피ː스]

peace   peace   peace

🄝 배

pear
[peə(r)][페어]

pear   pear   pear

🄝 연필

pencil
[ˈpensl][펜슬]

pencil   pencil   pencil

🄝 사람

people
[ˈpiːpl][피ː플]

people   people   people

🅥 고르다

pick
[pɪk][픽]

pick   pick   pick

Week

11
12
13
14
15
16
17
18
19
20

n 소풍

picnic
[ˈpɪknɪk][피크닉]

picnic   picnic   picnic

n 그림

picture
[ˈpɪktʃə(r)][픽쳐]

picture   picture   picture

n 돼지

pig
[pɪg][픽]

pig   pig   pig

n, **adj** 분홍색(의)

pink
[pɪŋk][핑크]

pink   pink   pink

n 장소

place
[pleɪs][플레이스]

place   place   place

145

🎧 오늘의 단어 CHECK

☐ **plan**   ☐ **play**   ☐ **please**   ☐ **P.M./p.m.**   ☐ **pocket**

오늘 배울 단어를 귀로 듣고 손으로 여러 번 쓰면서 확인하세요.

🔊 계획

plan
[plæn][플랜]

plan plan plan

ⓥ 놀다, 하다, 🔊 놀이

play
[pleɪ][플레이]

play play play

제발, ⓥ 기쁘게 하다

please
[pliːz][플리:즈]

please please please

오후

P. M. / p.m.
[ˌpiː ˈem][피:엠]

P.M./p.m. P.M./p.m.

🔊 주머니

pocket
[ˈpɑːkɪt][파:킷]

pocket pocket pocket

ⓝ 의견, 요점, 점

point
[pɔɪnt][포인트]

point   point   point

ⓝ 경찰

police
[pəˈliːs][폴리:스]

police   police   police

adj 가난한

poor
[pʊr][푸어]

poor   poor   poor

ⓝ 감자

potato
[pəˈteɪtoʊ][포테이토]

potato   potato   potato

ⓝ 가루

powder
[ˈpaʊdə(r)][파우더]

powder   powder   powder

Week
11
12
13
14
15
16
17
18
19
20

147

04

□ present　　□ pretty　　□ prince　　□ print　　□ prize

오늘 배울 단어를 귀로 듣고 손으로 여러 번 쓰면서 확인하세요.

adj 현재의, 출석한,
n 선물, **v** 선물하다

present
['preznt/prɪ'zent]
[프레전트/프리젠트]

present　present　present

adj 예쁜

pretty
['prɪti][프리티]

pretty　pretty　pretty

n 왕자

prince
[prɪns][프린스]

prince　prince　prince

v 인쇄하다

print
[prɪnt][프린트]

print　print　print

n 상

prize
[praɪz][프라이즈]

prize　prize　prize

n 문제

problem
[ˈprɑːbləm][프라:블럼]

problem problem problem

n 강아지

puppy
[ˈpʌpi][퍼피]

puppy puppy puppy

v 밀다

push
[pʊʃ][푸쉬]

push push push

v 놓다

put
[pʊt][풋]

put put put

n 퍼즐,
v 어리둥절하게 하다

puzzle
[ˈpʌzl][퍼즐]

puzzle puzzle puzzle

오늘 배울 단어를 귀로 듣고 손으로 여러 번 쓰면서 확인하세요.

ⓝ 여왕

queen
[kwi:n][퀸:]

queen queen queen

ⓝ 질문

question
[ˈkwestʃən][퀘스천]

question question question

adj 빠른

quick
[kwɪk][퀵]

quick quick quick

adj 조용한

quiet
[ˈkwaɪət][콰이어트]

quiet quiet quiet

ⓝ 토끼

rabbit
[ˈræbɪt][래빗]

rabbit rabbit rabbit

n 경주

race
[reɪs][레이스]

race   race   race

n 비

rain
[reɪn][레인]

rain   rain   rain

n 무지개

rainbow
['reɪnboʊ][레인보우]

rainbow   rainbow   rainbow

v 읽다

read
[riːd][뤼ː드]

read   read   read

adj 준비된

ready
['redi][뤠디]

ready   ready   ready

01-06 우리말에 맞는 영어 단어가 되도록 빈칸에 알맞은 알파벳을 쓰세요.

01	여왕 ⇨	q	u	e	e	n
02	상 ⇨		r		z	
03	장소 ⇨	p		a		
04	평화 ⇨		e		c	
05	부모 ⇨		a		e		t
06	질문 ⇨		u		s		i	o	n

07-10 그림에 맞게 주어진 알파벳을 배열하여 영어 단어를 완성하세요.

(07)

ptani

paint

(08)

rwaboin

(09)

ptrense

(10)

raibtb

11-15 우리말에 맞는 영어 문장이 되도록 둘 중 알맞은 단어를 고르세요.

11 박물관은 공원 옆에 있다.

⇨ The museum is next to the (park)/ part .

12 그녀는 내 휠체어를 밀고 있다.

⇨ She is pushing / putting my wheelchair.

13 모든 사람이 조용해졌다.

⇨ Everyone became quick / quiet .

14 너는 산을 오를 준비가 됐니?

⇨ Are you read / ready to climb the mountain?

15 나는 많은 돈을 써야 한다.

⇨ I have to pay / pick a lot of money.

16-20 우리말에 맞는 영어 문장이 되도록 빈칸에 알맞은 단어를 <보기>에서 찾아 쓰세요.

보기 (pass)	picture	pookot	play	problem

16 우리는 시험에 통과했다.

⇨ We pass ed the exam.

17 이 바지에는 큰 주머니가 있다.

⇨ These pants have big   s.

18 그들은 그림을 그리고 있다.

⇨ They are drawing   s.

19 너는 학교에서 어떤 문제라도 있니?

⇨ Do you have any   s at school?

20 보드 게임을 하는 게 어때?

⇨ How about   ing a board game?

오늘 배울 단어를 귀로 듣고 손으로 여러 번 쓰면서 확인하세요.

n, adj 빨간색(의)

red
[red][레드]

red   red   red

---

v 기억하다

remember
[rɪˈmembə(r)][리멤버]

remember   remember

---

n 레스토랑, 식당

restaurant
[ˈrestərɑːnt][레스토란:트]

restaurant   restaurant

---

n 화장실

restroom
[ˈrestrʊm][레스트룸]

restroom   restroom   restroom

---

v 돌아오다, 반납하다

return
[rɪˈtɜːrn][리턴:]

return   return   return

☐ rich ☐ right ☐ ring ☐ river ☐ road

adj 부유한

rich
[rɪtʃ][리치]

rich rich rich

adj 옳은, 오른쪽의

right
[raɪt][롸잇트]

right right right

n 반지

ring
[rɪŋ][륑]

ring ring ring

n 강

river
[ˈrɪvə(r)][뤼버]

river river river

n 길

road
[roʊd][로드]

road road road

Week
11 12 13 14 15 16 17 18 19 20

155

🎧 오늘의 단어 CHECK

☐ rock ☐ roof ☐ room ☐ run ☐ sad

오늘 배울 단어를 귀로 듣고 손으로 여러 번 쓰면서 확인하세요.

ⓝ 바위

rock
[rɑːk][롹:]

rock rock rock

ⓝ 지붕

roof
[ruːf][루:프]

roof roof roof

ⓝ 방

room
[ruːm][룸:]

room room room

ⓥ 달리다

run
[rʌn][런]

run run run

adj 슬픈

sad
[sæd][쌔드]

sad sad sad

□ safe   □ sale   □ salt   □ same   □ sand

adj 안전한

safe
[seɪf][쎄이프]

safe safe safe

n 판매

sale
[seɪl][쎄일]

sale sale sale

n 소금

salt
[sɔːlt][쏠:트]

salt salt salt

adj 같은

same
[seɪm][쎄임]

same same same

n 모래

sand
[sænd][쌘드]

sand sand sand

Week
11
12
13
14
15
16
17
18
19
20

157

🎧 오늘의 단어 CHECK

☐ save ☐ say ☐ school ☐ science ☐ scissors

오늘 배울 단어를 귀로 듣고 손으로 여러 번 쓰면서 확인하세요.

ⓥ 구하다, 절약하다

save
[seɪv][쎄이브]

save save save

ⓥ 말하다

say
[seɪ][쎄이]

say say say

ⓝ 학교

school
[skuːl][스쿨:]

school school school

ⓝ 과학

science
[ˈsaɪəns][싸이언스]

science science science

ⓝ 가위

scissors
[ˈsɪzərz][씨저스]

scissors scissors scissors

n 점수, 악보

score
[skɔː(r)][스코:어]

score   score   score

n 바다

sea
[siː][씨:]

sea   sea   sea

n 계절

season
[ˈsiːzn][씨:즌]

season   season   season

v 보다

see
[siː][씨:]

see   see   see

v 팔다

sell
[sel][쎌]

sell   sell   sell

🎧 오늘의 단어 CHECK

☐ send ☐ she ☐ ship ☐ shock ☐ shoe

오늘 배울 단어를 귀로 듣고 손으로 여러 번 쓰면서 확인하세요.

ⓥ 보내다

send
[send][쎈드]

send send send

pron 그녀

she
[ʃiː][쉬ː]

she she she

ⓝ 배

ship
[ʃɪp][쉽]

ship ship ship

ⓝ 충격, ⓥ 충격을 주다

shock
[ʃɑːk][샤ː크]

shock shock shock

ⓝ 신발

shoe
[ʃuː][슈ː]

shoe shoe shoe

n 가게

shop
[ʃɑːp][샵:]

shop shop shop

adj 짧은

short
[ʃɔːrt][숄:트]

short short short

~해야 한다

should
[ʃʊd][슈드]

should should should

v 보여주다, **n** 쇼

show
[ʃoʊ][쇼우]

show show show

adj 수줍어하는

shy
[ʃaɪ][샤이]

shy shy shy

오늘 배울 단어를 귀로 듣고 손으로 여러 번 쓰면서 확인하세요.

adj 아픈

sick
[sɪk][씩]

sick sick sick

n 옆

side
[saɪd][싸이드]

side side side

v 노래하다

sing
[sɪŋ][씽]

sing sing sing

n 여자 형제

sister
[ˈsɪstə(r)][씨스터]

sister sister sister

v 앉다

sit
[sɪt][씻]

sit sit sit

Week

11
12
13
14
15
16
17
18
19
20

ⓝ 크기

size
[saɪz][싸이즈]

size   size   size

ⓝ 피부

skin
[skɪn][스킨]

skin   skin   skin

ⓝ 치마

skirt
[skɜ:rt][스커:트]

skirt   skirt   skirt

ⓝ 하늘

sky
[skaɪ][스카이]

sky   sky   sky

ⓥ 자다

sleep
[sli:p][슬립:]

sleep   sleep   sleep

WEEKLY TEST 13

01-06 우리말에 맞는 영어 단어가 되도록 빈칸에 알맞은 알파벳을 쓰세요.

01 같은 ⇨ | s | a | m | e |

02 피부 ⇨ | | k | | |

03 과학 ⇨ | s | | i | e | | c | |

04 옳은, 오른쪽의 ⇨ | | i | | h | |

05 계절 ⇨ | | e | | s | o | |

06 짧은 ⇨ | | h | | r | |

07-10 그림에 맞게 주어진 알파벳을 배열하여 영어 단어를 완성하세요.

07

t i k r s

skirt

08

s s c o r i s s

09

s p l e e

10

i v e r r

11-15 우리말에 맞는 영어 문장이 되도록 둘 중 알맞은 단어를 고르세요.

11 지금 할인 중이에요.

⇨ It is on (**sale** / sell) now.

12 제가 화장실을 사용해도 될까요?

⇨ May I use the (room / restroom) ?

13 우리는 안전한 장소를 찾고 있다.

⇨ We are looking for a (sad / safe) place.

14 나는 네게 내 사진들을 보여줄 것이다.

⇨ I will (see / show) you my pictures.

15 나는 지금 당장 지붕을 수리할 수 있다.

⇨ I can fix the (roof / rock) right now.

16-20 우리말에 맞는 영어 문장이 되도록 빈칸에 알맞은 단어를 〈보기〉에서 찾아 쓰세요.

보기	(remember)	return	save	shy	sick

16 너는 나를 기억하니?

⇨ Do you *remember* me?

17 나는 책을 반납하기 위해 도서관에 가는 중이야.

⇨ I'm going to the library to _____ the books.

18 너는 에너지를 절약해야 한다.

⇨ You should _____ energy.

19 Josh는 정말 아파 보여.

⇨ Josh looks very _____

20 Sally는 조용하고 수줍음이 많다.

⇨ Sally is quiet and _____ .

🎧 오늘의 단어 CHECK

☐ slow   ☐ small   ☐ smart   ☐ smell   ☐ smile

오늘 배울 단어를 귀로 듣고 손으로 여러 번 쓰면서 확인하세요.

adj 느린

slow
[sloʊ][슬로우]

slow   slow   slow

adj 작은

small
[smɔːl][스몰ː]

small   small   small

adj 영리한

smart
[smɑːrt][스마ː트]

smart   smart   smart

n 냄새, **v** 냄새 맡다

smell
[smel][스멜]

smell   smell   smell

n 미소, **v** 미소 짓다

smile
[smaɪl][스마일]

smile   smile   smile

week

11
12
13
14
15
16
17
18
19
20

ⓝ 눈

snow
[snoʊ][스노우]

snow   snow   snow

conj 그래서, adv 너무

so
[soʊ][쏘]

so   so   so

ⓝ 축구

soccer
[ˈsɑːkər][싸:커]

soccer   soccer   soccer

ⓝ 양말

sock
[sɑːk][싹:]

sock   sock   sock

adj 부드러운

soft
[sɔːft][쏘:프트]

soft   soft   soft

167

🎧 오늘의 단어 CHECK

☐ some   ☐ son   ☐ song   ☐ sorry   ☐ sound

오늘 배울 단어를 귀로 듣고 손으로 여러 번 쓰면서 확인하세요.

adj 몇몇의

some
[sʌm][썸]

some   some   some

n 아들

son
[sʌn][썬]

son   son   son

n 노래

song
[sɔːŋ][쏭:]

song   song   song

adj 미안한, 애석한

sorry
['sɔːri][쏘:리]

sorry   sorry   sorry

n 소리, adj 건전한

sound
[saʊnd][싸운드]

sound   sound   sound

adj 신

sour
[ˈsaʊə(r)][싸우어]

sour sour sour

n 남쪽

south
[saʊθ][싸우쓰]

south south south

n 우주, 공간

space
[speɪs][스페이스]

space space space

v 말하다

speak
[spiːk][스피ː크]

speak speak speak

n 속도, 속력

speed
[spiːd][스피ː드]

speed speed speed

오늘 배울 단어를 귀로 듣고 손으로 여러 번 쓰면서 확인하세요.

🄝 숟가락

spoon spoon spoon

spoon
[spuːn][스푼ː]

🅥 서다, 참다, 견디다

stand stand stand

stand
[stænd][스탠드]

🅥 시작하다, 🄝 시작

start start start

start
[stɑːrt][스타ː트]

🅥 머무르다, 🄝 머무름

stay stay stay

stay
[steɪ][스테이]

🄝 돌

stone stone stone

stone
[stoʊn][스톤]

□ stop   □ store   □ story   □ strawberry   □ street

Ⓥ 멈추다,
ⓝ (버스) 정류장

stop
[stɑːp][스탑ː]

stop   stop   stop

ⓝ 가게

store
[stɔː(r)][스토ː어]

store   store   store

ⓝ 이야기

story
[ˈstɔːri][스토ː리]

story   story   story

ⓝ 딸기

strawberry
[ˈstrɔːberi][스트로ː베리]

strawberry   strawberry

ⓝ 거리

street
[striːt][스트릿ː]

street   street   street

171

🎧 오늘의 단어 CHECK

☐ stress ☐ strong ☐ student ☐ study ☐ subway

오늘 배울 단어를 귀로 듣고 손으로 여러 번 쓰면서 확인하세요.

n 스트레스, 강세

stress stress stress

stress
[stres][스트레스]

adj 강한

strong strong strong

strong
[strɔːŋ][스트롱ː]

n 학생

student student student

student
[ˈstuːdnt][스튜ː던트]

v 공부하다

study study study

study
[ˈstʌdi][스터디]

n 지하철

subway subway subway

subway
[ˈsʌbweɪ][써브웨이]

Week
11
12
13
14
15
16
17
18
19
20

ⓝ 설탕

sugar
[ˈʃʊɡə(r)][슈가]

sugar sugar sugar

ⓝ 태양

sun
[sʌn][썬]

sun sun sun

ⓝ 저녁식사

supper
[ˈsʌpə(r)][써퍼]

supper supper supper

ⓥ 수영하다

swim
[swɪm][스윔]

swim swim swim

ⓝ 탁자

table
[ˈteɪbl][테이블]

table table table

173

🎧 오늘의 단어 CHECK

☐ tail ☐ take ☐ talk ☐ tall ☐ tape

오늘 배울 단어를 귀로 듣고 손으로 여러 번 쓰면서 확인하세요.

ⓝ 꼬리

tail
[teɪl][테일]

tail tail tail

ⓥ 가지고 가다, 잡다

take
[teɪk][테이크]

take take take

ⓥ 이야기하다

talk
[tɔːk][토:크]

talk talk talk

adj 큰

tall
[tɔːl][톨:]

tall tall tall

ⓝ 테이프

tape
[teɪp][테이프]

tape tape tape

Week
11
12
13
14
15
16
17
18
19
20

ⓝ 맛

taste
[teɪst][테이스트]

taste　taste　taste

ⓥ 가르치다

teach
[tiːtʃ][티:취]

teach　teach　teach

ⓝ 10대

teen
[tiːn][틴:]

teen　teen　teen

ⓝ 전화

telephone
[ˈtelɪfoʊn][텔리폰]

telephone　telephone

ⓥ 말하다

tell
[tel][텔]

tell　tell　tell

175

WEEKLY TEST 14

우리말에 맞는 영어 단어가 되도록 빈칸에 알맞은 알파벳을 쓰세요.

01 설탕 ⇨ s u g a r

02 돌 ⇨ [ ] t [ ] n [ ]

03 맛 ⇨ [ ] a [ ] t [ ]

04 공부하다 ⇨ [ ] t [ ] d [ ]

05 우주, 공간 ⇨ [ ] p [ ] c [ ]

06 학생 ⇨ s [ ] u [ ] e [ ] t

그림에 맞게 주어진 알파벳을 배열하여 영어 단어를 완성하세요.

07

snopo

spoon

08

tlai

[ ]

09

serto

[ ]

10

sywaub

[ ]

11-15 우리말에 맞는 영어 문장이 되도록 둘 중 알맞은 단어를 고르세요.

11 곰들은 냄새를 잘 맡을 수 있다.

⇨ Bears can (smell)/ smile well.

12 작은 것 있나요?

⇨ Do you have a small / soft one?

13 그들은 스포츠에 관해 이야기하고 있다.

⇨ They are taking / talking about sports.

14 내 생일 파티는 정오에 시작한다.

⇨ My birthday party starts / stops at noon.

15 Ross는 그의 새 자동차 옆에 서 있다.

⇨ Ross is staying / standing next to his new car.

16-20 우리말에 맞는 영어 문장이 되도록 빈칸에 알맞은 단어를 〈보기〉에서 찾아 쓰세요.

보기 (teach)   strong   street   speak   sour

16 나는 중학교에서 수학을 가르친다.

⇨ I teach math at the middle school.

17 Rick은 집에서 스페인어로 말한다.

⇨ Rick　　　　　　　s Spanish at home.

18 너는 튼튼하고 건강해 보여.

⇨ You look 　　　　　　　and healthy.

19 거리에 많은 사람들이 있다.

⇨ There are a lot of people on the 　　　　　　　.

20 이 주스는 달콤하고 시다.

⇨ This juice is sweet and 　　　　　　　.

🎵 오늘의 단어 CHECK

☐ test　　☐ textbook　　☐ than　　☐ thank　　☐ that

오늘 배울 단어를 귀로 듣고 손으로 여러 번 쓰면서 확인하세요.

ⓥ 시험하다, ⓝ 시험

test
[test][테스트]

test　test　test

ⓝ 교과서

textbook
['tekstbʊk][텍스트북]

textbook　textbook　textbook

prep ~보다

than
[ðæn][댄]

than　than　than

ⓥ 고마워하다

thank
[θæŋk][땡크]

thank　thank　thank

pron 저것, adj 저

that
[ðæt][댓]

that　that　that

art (정관사) 그

the
[ðə][더]

the   the   the

adv 거기에

there
[ðer][데얼]

there   there   there

pron 그들, 그것들

they
[ðeɪ][데이]

they   they   they

n 것

thing
[θɪŋ][띵]

thing   thing   thing

v 생각하다

think
[θɪŋk][띵크]

think   think   think

오늘 배울 단어를 귀로 듣고 손으로 여러 번 쓰면서 확인하세요.

ⓝ 목마름

thirst
[θɜːrst][떨스트]

thirst thirst thirst

ⓝ 이것, adj 이

this
[ðɪs][디스]

this this this

ⓝ 호랑이

tiger
['taɪɡə(r)][타이거]

tiger tiger tiger

ⓝ 시간

time
[taɪm][타임]

time time time

prep ~로

to
[tuː][투ː]

to to to

n 오늘

today today today

today
[təˈdeɪ][투데이]

adv 함께

together together together

together
[təˈɡeðə(r)][투게더]

n 내일

tomorrow tomorrow

tomorrow
[təˈmɑːroʊ][투마:로우]

n 오늘밤

tonight tonight tonight

tonight
[təˈnaɪt][투나잇]

adv 너무

too too too

too
[tuː][투:]

Week

11
12
13
14
15
16
17
18
19
20

🎧 오늘의 단어 CHECK

☐ tooth   ☐ top   ☐ touch   ☐ tour   ☐ tower

오늘 배울 단어를 귀로 듣고 손으로 여러 번 쓰면서 확인하세요.

ⓝ 이빨

tooth
[tuːθ][투:쓰]

tooth   tooth   tooth

ⓝ 정상, 꼭대기

top
[tɑːp][탑:]

top   top   top

ⓥ 만지다

touch
[tʌtʃ][터치]

touch   touch   touch

ⓝ 여행, 관광

tour
[tʊr][투어]

tour   tour   tour

ⓝ 탑

tower
['taʊə(r)][타워]

tower   tower   tower

ⓝ 도시, 시내

town
[taʊn][타운]

town town town

ⓝ 장난감

toy
[tɔɪ][토이]

toy toy toy

ⓝ 기차

train
[treɪn][트레인]

train train train

ⓥ 여행하다, ⓝ 여행

travel
['trævl][트래블]

travel travel travel

ⓝ 나무

tree
[triː][트리:]

tree tree tree

오늘 배울 단어를 귀로 듣고 손으로 여러 번 쓰면서 확인하세요.

n 삼각형

triangle
[ˈtraɪæŋgl][트라이앵글]

triangle   triangle   triangle

n (짧은) 여행

trip
[trɪp][트립]

trip   trip   trip

adj 사실인

true
[truː][트루:]

true   true   true

v 노력하다,
(한번) 해보다

try
[traɪ][트라이]

try   try   try

v 돌다, **n** 차례, 순번

turn
[tɜːrn][턴:]

turn   turn   turn

☐ twice ☐ type ☐ ugly ☐ umbrella ☐ uncle

ⓝ 두 번

twice
[twaɪs][트와이스]

twice twice twice

ⓝ 형, 유형

type
[taɪp][타입]

type type type

adj 못생긴

ugly
[ˈʌgli][어글리]

ugly ugly ugly

ⓝ 우산

umbrella
[ʌmˈbrelə][엄브렐라]

umbrella umbrella umbrella

ⓝ 삼촌, 숙부

uncle
[ˈʌŋkl][엉클]

uncle uncle uncle

Week

11 12 13 14 15 16 17 18 19 20

185

🎧 오늘의 단어 CHECK

☐ under ☐ understand ☐ up ☐ use ☐ vegetable

오늘 배울 단어를 귀로 듣고 손으로 여러 번 쓰면서 확인하세요.

adv, **prep** ~ 아래에

under
[ˈʌndə(r)][언더]

under   under   under

v 이해하다

understand
[ˌʌndərˈstænd][언더스탠드]

understand   understand

adv, **prep** 위로, 위에

up
[ʌp][업]

up   up   up

v 사용하다,
n 사용, 이용

use
[juːz/juːs][유즈/유ː스]

use   use   use

n 채소, 야채

vegetable
[ˈvedʒtəbl][베저터블]

vegetable   vegetable

adv 매우, adj 바로 그

very
[ˈveri][베리]

very very very

v 방문하다

visit
[ˈvɪzɪt][비지트]

visit visit visit

n 목소리

voice
[vɔɪs][보이스]

voice voice voice

v 기다리다

wait
[weɪt][웨이트]

wait wait wait

v 깨어나다

wake
[weɪk][웨이크]

wake wake wake

Week
11 12 13 14 15 16 17 18 19 20

187

WEEKLY TEST
15

01-06 우리말에 맞는 영어 단어가 되도록 빈칸에 알맞은 알파벳을 쓰세요.

| 01 | 여행하다, 여행 ⇨ | t | r | a | v | e | l |

| 02 | 교과서 ⇨ | | e | | t | b | | o | k |

| 03 | 목마름 ⇨ | | h | | r | | t |

| 04 | 목소리 ⇨ | | o | | c | |

| 05 | 이해하다 ⇨ | | n | d | | r | s | t | a | | d |

| 06 | 오늘밤 ⇨ | | o | | i | g | h | |

07-10 그림에 맞게 주어진 알파벳을 배열하여 영어 단어를 완성하세요.

07   trige

tiger

08   naitr

09   uaellmbr

10   gleiatrn

우리말에 맞는 영어 문장이 되도록 둘 중 알맞은 단어를 고르세요.

11 우리는 내일 영어 시험이 있어.

⇨ We have an English test (today / **tomorrow**) .

12 내 고양이는 의자 아래에 있다.

⇨ My cat is (under / up) the chair.

13 이것은 내가 정말 좋아하는 빵이다.

⇨ (This / That) is my favorite bread.

14 Maggie는 아침에 일찍 일어난다.

⇨ Maggie (waits / wakes) up early in the morning.

15 제가 그곳에 가도 될까요?

⇨ Can I go (they / there) ?

16-20 우리말에 맞는 영어 문장이 되도록 빈칸에 알맞은 단어를 〈보기〉에서 찾아 쓰세요.

보기 (**think**)　　　**very**　　　**use**　　　**touch**　　　**visit**

16 나는 그것이 훌륭하다고 생각한다.

⇨ I _think_ it is great.

17 제가 당신의 휴대 전화를 사용해도 될까요?

⇨ May I ＿＿＿＿＿＿＿＿ your cell phone?

18 얼굴을 만지지 마세요.

⇨ Don't ＿＿＿＿＿＿＿＿ your face.

19 우리 할아버지께서는 1990년에 이스탄불을 방문하셨다.

⇨ My grandfather ＿＿＿＿＿＿＿ed Istanbul in 1990.

20 그의 그림은 정말 독특하다.

⇨ His painting is ＿＿＿＿＿＿＿ unique.

🎧 오늘의 단어 CHECK

☐ walk   ☐ wall   ☐ want   ☐ war   ☐ warm

오늘 배울 단어를 귀로 듣고 손으로 여러 번 쓰면서 확인하세요.

ⓥ 걷다

walk
[wɔːk][워ː크]

walk   walk   walk

ⓝ 벽

wall
[wɔːl][월ː]

wall   wall   wall

ⓥ 원하다

want
[wɔːnt][원ː트]

want   want   want

ⓝ 전쟁

war
[wɔː(r)][워ː]

war   war   war

adj 따뜻한

warm
[wɔːrm][웜ː]

warm   warm   warm

ⓥ 씻다

wash
[wɔːʃ][워:시]

wash　wash　wash

ⓥ 지켜보다, ⓝ 시계

watch
[wɔːtʃ][워:치]

watch　watch　watch

ⓝ 물

water
[ˈwɔːtə(r)][워:터]

water　water　water

ⓝ 수박

watermelon
[ˈwɔːtərmelən][워:터멜론]

watermelon　watermelon

ⓝ 길

way
[weɪ][웨이]

way　way　way

🎧 오늘의 단어 CHECK

☐ we   ☐ wear   ☐ weather   ☐ wedding   ☐ week

오늘 배울 단어를 귀로 듣고 손으로 여러 번 쓰면서 확인하세요.

pron 우리

we
[wiː][위:]

we   we   we

v 입다

wear
[wer][웨어]

wear   wear   wear

n 날씨

weather
[ˈweðə(r)][웨더]

weather   weather   weather

n 결혼식

wedding
[ˈwedɪŋ][웨딩]

wedding   wedding   wedding

n 주

week
[wiːk][위:크]

week   week   week

n 주말

weekend
[ˈwiːkend][위:켄드]

weekend weekend weekend

n 무게

weight
[weɪt][웨이트]

weight weight weight

v 환영하다, **n** 환영

welcome
[ˈwelkəm][웰컴]

welcome welcome welcome

음, **n** 우물

well
[wel][웰]

well well well

n 서쪽

west
[west][웨스트]

west west west

Week

11
12
13
14
15
16
17
18
19
20

193

오늘 배울 단어를 귀로 듣고 손으로 여러 번 쓰면서 확인하세요.

adj 젖은

wet
[wet][웻]

wet   wet   wet

pron 무엇

what
[wɑːt][왓ː]

what   what   what

adv 언제

when
[wen][웬]

when   when   when

adv 어디서

where
[wer][웨어]

where   where   where

n, **adj** 흰색(의)

white
[waɪt][와이트]

white   white   white

pron 누구

who
[huː][후:]

who who who

adv 왜

why
[waɪ][와이]

why why why

n 아내

wife
[waɪf][와이프]

wife wife wife

~할 것이다, **n** 의지

will
[wɪl][윌]

will will will

v 이기다

win
[wɪn][윈]

win win win

오늘 배울 단어를 귀로 듣고 손으로 여러 번 쓰면서 확인하세요.

n 바람

wind
[wɪnd][윈드]

wind wind wind

n 창문

window
[ˈwɪndoʊ][윈도우]

window window window

v 바라다

wish
[wɪʃ][위시]

wish wish wish

prep ~와 함께

with
[wɪð][위드]

with with with

n 여자

woman
[ˈwʊmən][워먼]

woman woman woman

Week

11
12
13
14
15
16
17
18
19
20

ⓝ 나무, 숲

wood
[wʊd][우드]

wood   wood   wood

ⓝ 말, 단어, 낱말

word
[wɜːrd][워:드]

word   word   word

ⓥ 일하다, ⓝ 일

work
[wɜːrk][월:크]

work   work   work

ⓝ 세계

world
[wɜːrld][월:드]

world   world   world

ⓥ 걱정하다, ⓝ 걱정

worry
['wɜːri][워:리]

worry   worry   worry

🎧 오늘의 단어 CHECK

☐ write ☐ wrong ☐ year ☐ yellow ☐ yes/yeah/yep

오늘 배울 단어를 귀로 듣고 손으로 여러 번 쓰면서 확인하세요.

ⓥ 쓰다

write
[raɪt][롸이트]

write   write   write

adj 틀린, 잘못된

wrong
[rɔːŋ][륑ː]

wrong   wrong   wrong

ⓝ 해, 1년

year
[jɪr][이어]

year   year   year

ⓝ, adj 노란색(의)

yellow
[ˈjeloʊ][옐로우]

yellow   yellow   yellow

네

yes / yeah / yep
[jes/jeə/jep][예스/예/옙]

yes/yeah/yep   yes/yeah/yep

Week

11
12
13
14
15
16
17
18
19
20

ⓝ 어제

yesterday
[ˈjestərdeɪ][예스터데이]

yesterday   yesterday

pron 너, 당신, 너희들

you
[juː][유ː]

you   you   you

adj 젊은

young
[jʌŋ][영]

young   young   young

ⓝ 얼룩말

zebra
[ˈziːbrə][지ː브러]

zebra   zebra   zebra

ⓝ 동물원

zoo
[zuː][주ː]

zoo   zoo   zoo

199

01-06 우리말에 맞는 영어 단어가 되도록 빈칸에 알맞은 알파벳을 쓰세요.

01 바람 ⇨ | w | i | n | d |

02 무게 ⇨ | | e | | g | | t |

03 환영하다, 환영 ⇨ | | e | l | | o | | e |

04 결혼식 ⇨ | w | | d | | i | n | |

05 수박 ⇨ | | a | t | e | | m | e | l | o | |

06 날씨 ⇨ | w | | a | | h | | r |

07-10 그림에 맞게 주어진 알파벳을 배열하여 영어 단어를 완성하세요.

07

zareb

zebra

08

lowyel

09

wiownd

10

werit

11-15 우리말에 맞는 영어 문장이 되도록 둘 중 알맞은 단어를 고르세요.

11 그들은 팀으로 함께 일했다.

⇨ They [walked / (worked)] together as a team.

12 누가 진공청소기를 발명했지?

⇨ [Who / Why] invented a vacuum cleaner?

13 나는 전 세계를 여행하고 싶다.

⇨ I'd like to travel around the [word / world] .

14 너의 교실은 어디에 있니?

⇨ [When / Where] is your classroom?

15 너의 주말은 어땠니?

⇨ How was your [week / weekend] ?

16-20 우리말에 맞는 영어 문장이 되도록 빈칸에 알맞은 단어를 〈보기〉에서 찾아 쓰세요.

보기	(want)	wear	wrong	watch	yesterday

16 너는 무엇이 되고 싶니?

⇨ What do you want to be?

17 나는 잘못된 선택을 할까 봐 두렵다.

⇨ I am afraid of making a ＿＿＿＿＿ choice.

18 그녀는 교복을 입고 있다.

⇨ She is ＿＿＿＿＿ing a school uniform.

19 너는 어제 무엇을 했니?

⇨ What did you do ＿＿＿＿＿?

20 오늘밤에 영화를 보자.

⇨ Let's ＿＿＿＿＿ a movie tonight.

오늘의 단어 CHECK

☐ adolescent

☐ niece ☐ nephew ☐ grandson ☐ granddaughter

오늘 배울 단어를 귀로 듣고 손으로 여러 번 쓰면서 확인하세요.

ⓝ 청소년

adolescent
[ˌædəˈlesnt][애들레슨트]

adolescent adolescent

ⓝ 여자 조카

niece
[niːs][니ː스]

niece niece niece

ⓝ 남자 조카

nephew
[ˈnefjuː][네퓨ː]

nephew nephew nephew

ⓝ 손자

grandson
[ˈɡrænsʌn][그랜썬]

grandson grandson grandson

ⓝ 손녀

granddaughter
[ˈɡrændɔːtə(r)][그랜도ː러]

granddaughter granddaughter

☐ cheerful ☐ tender ☐ confident ☐ noble ☐ active

adj 명랑한

cheerful
['tʃɪrfl][취어풀]

cheerful cheerful cheerful

adj 상냥한

tender
['tendə(r)][텐더]

tender tender tender

adj 당당한

confident
['kɑːnfɪdənt][컨:피던트]

confident confident confident

adj 고상한

noble
['noʊbl][노블]

noble noble noble

adj 적극적인

active
['æktɪv][액티브]

active active active

Week
11 12 13 14 15 16 17 18 19 20

오늘 배울 단어를 귀로 듣고 손으로 여러 번 쓰면서 확인하세요.

adj 사교적인

sociable
[ˈsouʃəbl][쏘셔블]

sociable   sociable   sociable

adj 꼼꼼한

meticulous
[məˈtɪkjələs][머티큘러스]

meticulous   meticulous

adj 덜렁거리는

clumsy
[ˈklʌmzi][클럼지]

clumsy   clumsy   clumsy

adj 겁이 많은

cowardly
[káuərdli][카워들리]

cowardly   cowardly   cowardly

adj 긍정적인

positive
[ˈpɑːzətɪv][파:저티브]

positive   positive   positive

adj 부정적인

negative
[ˈneɡətɪv][네거티브]

negative negative negative

adj 소심한

timid
[ˈtɪmɪd][티미드]

timid timid timid

adj 소극적인

passive
[ˈpæsɪv][패시브]

passive passive passive

adj 너그러운

generous
[ˈdʒenərəs][제너러스]

generous generous generous

adj 겸손한

modest
[ˈmɑːdɪst][마:디스트]

modest modest modest

Week
11 12 13 14 15 16 17 18 19 20

🎧 오늘의 단어 CHECK

☐ truthful

☐ sympathetic   ☐ brutal   ☐ proud   ☐ childish

오늘 배울 단어를 귀로 듣고 손으로 여러 번 쓰면서 확인하세요.

adj 진실된

truthful   truthful   truthful

truthful
[ˈtruːθfl][트루ː쓰풀]

adj 동정심이 많은

sympathetic   sympathetic

sympathetic
[ˌsɪmpəˈθetɪk][씸퍼쎄릭]

adj 잔인한

brutal   brutal   brutal

brutal
[ˈbruːtl][브르ː를]

adj 거만한

proud   proud   proud

proud
[praʊd][프라우드]

adj 유치한

childish   childish   childish

childish
[ˈtʃaɪldɪʃ][촤일디쉬]

ⓝ 어깨

shoulder
[ˈʃoʊldə(r)][숄더]

shoulder shoulder shoulder

ⓝ 가슴

chest
[tʃest][체스트]

chest chest chest

ⓝ 무릎

knee
[niː][니:]

knee knee knee

ⓝ 허리

waist
[weɪst][웨이스트]

waist waist waist

ⓝ 엉덩이

hip
[hɪp][힙]

hip hip hip

Week

11
12
13
14
15
16
17
18
19
20

오늘의 단어 CHECK

☐ ankle   ☐ beard   ☐ eyelid   ☐ nostril   ☐ jaw

오늘 배울 단어를 귀로 듣고 손으로 여러 번 쓰면서 확인하세요.

ⓝ 발목

ankle
[ˈæŋkl][앵클]

ankle   ankle   ankle

ⓝ 턱수염

beard
[bɪrd][비어드]

beard   beard   beard

ⓝ 눈꺼풀

eyelid
[ˈaɪlɪd][아이리드]

eyelid   eyelid   eyelid

ⓝ 콧구멍

nostril
[ˈnɑːstrəl][너:스트럴]

nostril   nostril   nostril

ⓝ 턱

jaw
[dʒɔː][죠:]

jaw   jaw   jaw

ⓝ 눈동자

pupil
[ˈpjuːpl][퓨·플]

pupil pupil pupil

ⓝ 목구멍

throat
[θroʊt][쓰롯]

throat throat throat

ⓝ 볼, 뺨

cheek
[tʃiːk][칙:]

cheek cheek cheek

ⓝ 손톱

nail
[neɪl][네일]

nail nail nail

ⓝ 손목

wrist
[rɪst][뤼스트]

wrist wrist wrist

오늘 배울 단어를 귀로 듣고 손으로 여러 번 쓰면서 확인하세요.

ⓝ 손바닥

palm
[pɑːm][팜ː]

palm palm palm

ⓝ 혀

tongue
[tʌŋ][텅]

tongue tongue tongue

ⓝ 팔꿈치

elbow
[ˈelboʊ][엘보우]

elbow elbow elbow

ⓝ 갈비뼈

rib
[rɪb][립]

rib rib rib

ⓝ 폐

lung
[lʌŋ][렁]

lung lung lung

Week

11
12
13
14
15
16
17
18
19
20

ⓝ 간

liver

[ˈlɪvə(r)][리버]

liver liver liver

ⓝ 근육

muscle

[ˈmʌsl][머쓸]

muscle muscle muscle

ⓝ 위

stomach

[ˈstʌmək][스터먹]

stomach stomach stomach

ⓝ 트림

burp

[bɜːrp][벌ː프]

burp burp burp

ⓝ 재채기

sneeze

[sniːz][스니ː즈]

sneeze sneeze sneeze

WEEKLY TEST
17

01-06 우리말에 맞는 영어 단어가 되도록 빈칸에 알맞은 알파벳을 쓰세요.

01 **여자 조카** ⇨ | n | i | e | c | e |

02 **손자** ⇨ | | r | a | | d | s | o | |

03 **팔꿈치** ⇨ | | l | | o | |

04 **볼, 뺨** ⇨ | | h | | e | |

05 **잔인한** ⇨ | | r | | t | a | |

06 **허리** ⇨ | | a | | s | |

07-10 그림에 맞게 주어진 알파벳을 배열하여 영어 단어를 완성하세요.

07 l a i n

nail

08 p r u b

09 s z e n e e

10 h s o u d e r l

11-15 우리말에 맞는 영어 문장이 되도록 둘 중 알맞은 단어를 고르세요.

11 나는 내 보고서에 대해 부정적인 피드백을 받았다.

⇨ I received positive / (negative) feedback on my report.

12 나는 내 자신이 정말 자랑스럽다.

⇨ I am very proud / modest of myself.

13 흡연은 폐암을 유발할 수 있다.

⇨ Smoking can cause liver / lung cancer.

14 내 손녀는 명랑하고, 사교적이다.

⇨ My granddaughter is cheerful and sociable / timid .

15 나는 네가 정말 수동적이라고 생각한다.

⇨ I think you are really passive / active .

16-20 우리말에 맞는 영어 문장이 되도록 빈칸에 알맞은 단어를 〈보기〉에서 찾아 쓰세요.

보기	knee	(ankle)	generous	nephew	confident

16 내 오른쪽 발목이 부러졌다.

⇨ I broke my right ankle .

17 내 부모님은 관대하고, 이해심이 있으시다.

⇨ My parents are _____ and understanding.

18 천천히 당신의 무릎을 굽히세요.

⇨ Bend your _____ s slowly.

19 내 조카가 내일 나를 보러 올 것이다.

⇨ My _____ is going to visit me tomorrow.

20 너는 학교에서 더 당당해질지도 모른다.

⇨ You may be more _____ at school.

🎧 오늘의 단어 CHECK

☐ sigh   ☐ hiccup   ☐ yawning   ☐ tear   ☐ fart

오늘 배울 단어를 귀로 듣고 손으로 여러 번 쓰면서 확인하세요.

ⓝ 한숨

sigh
[saɪ][싸이]

sigh sigh sigh

ⓝ 딸꾹질

hiccup
[ˈhɪkʌp][히컵]

hiccup hiccup hiccup

ⓝ 하품

yawning
[ˈjɑːnɪŋ][야ː닝]

yawning yawning yawning

ⓝ 눈물

tear
[tɪr][티어]

tear tear tear

ⓝ 방귀

fart
[fɑːrt][파ː트]

fart fart fart

n 소변

urine
[ˈjʊrən][유린]

urine urine urine

일어나다

wake up
[웨이컵]

wake up wake up wake up

v 샤워하다

shower
[ˈʃaʊɚ][샤워]

shower shower shower

옷을 벗다

take off
[테이커프]

take off take off take off

쓰레기를 버리다

throw away garbage
[쓰로 어웨이 가비쥐]

throw away garbage

오늘 배울 단어를 귀로 듣고 손으로 여러 번 쓰면서 확인하세요.

불을 켜다

turn on the light
[턴 온 더 라잇]

turn on the light

불을 끄다

turn off the light
[턴 오프 더 라잇]

turn off the light

ⓥ 웃다

laugh
[læf][래프]

laugh   laugh   laugh

ⓥ 박수치다

clap
[klæp][클랩]

clap   clap   clap

ⓥ 흔들다

shake
[ʃeɪk][쉐익]

shake   shake   shake

ⓥ 말다툼하다

quarrel
[ˈkwɔːrəl][쿼:럴]

quarrel   quarrel   quarrel

ⓝ 인사

greeting
[ˈɡriːtɪŋ][그리:팅]

greeting   greeting   greeting

ⓝ 대화

conversation
[ˌkɑːnvərˈseɪʃən]
[컨:벌쎄이션]

conversation   conversation

ⓥ 던지다

throw
[θroʊ][쓰로우]

throw   throw   throw

ⓥ 격려하다

encourage
[ɪnˈkɜːrɪdʒ][인커:리쥐]

encourage   encourage

Week
11
12
13
14
15
16
17
18
19
20

217

오늘 배울 단어를 귀로 듣고 손으로 여러 번 쓰면서 확인하세요.

ⓝ 중국어

Chinese Chinese Chinese

Chinese
[ˌtʃaɪˈniːz][차이니:즈]

ⓝ 일본어

Japanese Japanese

Japanese
[dʒæpəníːz][재패니:즈]

ⓝ 경제

economics economics

economics
[ˌiːkəˈnɒmɪks][이:코노믹스]

ⓝ 지리

geography geography

geography
[dʒiˈɑːɡrəfi][지오:그래피]

ⓝ 입학

admission admission

admission
[ədˈmɪʃn][어드미션]

ⓝ 졸업

graduation
[ˌɡrædʒuˈeɪʃn]
[그래쥬에이션]

graduation graduation

ⓝ 학기

semester
[sɪˈmestə(r)][씨메스터]

semester semester semester

ⓝ 철학

philosophy
[fəˈlɑːsəfi][필로:소피]

philosophy philosophy

ⓝ 문학

literature
[ˈlɪtrətʃʊr][리터러처]

literature literature literature

ⓝ 상업

commerce
[ˈkɑːmɜːrs][커:머:스]

commerce commerce

Week
11
12
13
14
15
16
17
18
19
20

219

🎧 오늘의 단어 CHECK

☐ architecture

☐ biology   ☐ chemistry   ☐ astronomy   ☐ law

오늘 배울 단어를 귀로 듣고 손으로 여러 번 쓰면서 확인하세요.

n 건축

architecture
[ˈɑːrkɪtektʃə(r)][아:키텍처]

architecture   architecture

n 생물

biology
[baɪˈɑːlədʒi][바이얼:러쥐]

biology   biology   biology

n 화학

chemistry
[ˈkemɪstri][케미스트리]

chemistry   chemistry   chemistry

n 천문학

astronomy
[əˈstrɑːnəmi][어스트로:너미]

astronomy   astronomy

n 법률

law
[lɔː][로:]

law   law   law

ⓝ 정치학

politics
[ˈpɑːlətɪks][팔:러틱스]

politics   politics   politics

ⓝ 사회학

sociology
[ˈsoʊsiˌɑːlədʒi][쏘씨얼:러쥐]

sociology   sociology

ⓝ 물리

physics
[ˈfɪzɪks][피직스]

physics   physics   physics

ⓝ 장학금

scholarship
[ˈskɑːlərʃɪp][스칼:러쉽]

scholarship   scholarship

ⓝ 논술

essay
[ˈeseɪ][에쎄이]

essay   essay   essay

Week
11 12 13 14 15 16 17 18 19 20

🎧 오늘의 단어 CHECK ☐ tuition ☐ cheating
☐ ballpoint pen ☐ blackboard ☐ pencil case

오늘 배울 단어를 귀로 듣고 손으로 여러 번 쓰면서 확인하세요.

ⓝ 등록금

tuition
[tuˈɪʃn][투이션]

tuition   tuition   tuition

ⓝ 컨닝

cheating
[ˈtʃiːtɪŋ][취:팅]

cheating   cheating   cheating

볼펜

ballpoint pen
[ˌbɔːlpɔɪnt ˈpen]
[볼:포인트 펜]

ballpoint pen   ballpoint pen

ⓝ 칠판

blackboard
[ˈblækbɔːrd][블랙보:드]

blackboard   blackboard

필통

pencil case
[ˈpensəl ˌkeɪs]
[펜슬 케이스]

pencil case   pencil case

샤프

mechanical pencil

[məˌkænɪkəl ˈpensəl]
[미케니컬 펜슬]

mechanical pencil

색연필

colored pencil

[ˌkʌlərd ˈpensəl]
[컬러드 펜슬]

colored pencil   colored pencil

ⓝ 자

ruler

[ˈruːlə(r)][룰:러]

ruler   ruler   ruler

ⓝ 샤프심

lead

[led][레드]

lead   lead   lead

ⓝ 형광펜

highlighter

[ˈhaɪlaɪtə(r)][하이라이터]

highlighter   highlighter

WEEKLY TEST 18

01-06 우리말에 맞는 영어 단어가 되도록 빈칸에 알맞은 알파벳을 쓰세요.

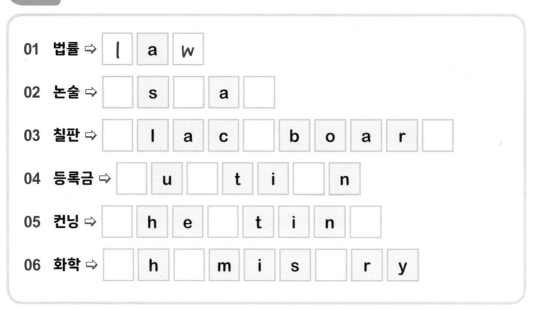

01 법률 ⇨ | l | a | w |

02 논술 ⇨ | | s | | a | |

03 칠판 ⇨ | | l | a | c | | b | o | a | r | |

04 등록금 ⇨ | | u | | t | i | | n |

05 컨닝 ⇨ | | h | e | | t | i | n | |

06 화학 ⇨ | | h | | m | i | s | | r | y |

07-10 그림에 맞게 주어진 알파벳을 배열하여 영어 단어를 완성하세요.

07 rrule

ruler

08 igsh

09 ater

10 aniwngy

11-15 우리말에 맞는 영어 문장이 되도록 둘 중 알맞은 단어를 고르세요.

11 너는 샤프를 갖고 있니?

⇨ Do you have a (mechanical pencil / colored pencil) ?

12 불을 좀 켜주시겠어요?

⇨ Could you please turn on / turn off the light?

13 여기서는 신발을 벗으세요.

⇨ Please, wake up / take off your shoes here.

14 나의 아버지는 천문학에 관한 책을 썼다.

⇨ My father wrote the book on astronomy / chemistry .

15 나는 졸업식에서 바이올린을 연주할 거야.

⇨ I'm going to play the violin at admission / graduation .

16-20 우리말에 맞는 영어 문장이 되도록 빈칸에 알맞은 단어를 〈보기〉에서 찾아 쓰세요.

보기 (laugh) conversation throw poncil case scholarship

16 몇몇 사람들이 웃기 시작했다.

⇨ Some people started laugh ing.

17 나는 나의 선생님과 대화를 했다.

⇨ I had a _____ with my teacher.

18 이건 누구의 필통이니?

⇨ Whose _____ is this?

19 우리는 공을 잡는 법과 던지는 법을 배웠다.

⇨ We learned how to catch and _____ a ball.

20 나는 다음 학기에 전액 장학금을 받을 것이다.

⇨ I will get a full _____ next semester.

🎧 오늘의 단어 CHECK

□ deer   □ squirrel   □ camel   □ goat   □ wolf

오늘 배울 단어를 귀로 듣고 손으로 여러 번 쓰면서 확인하세요.

ⓝ 사슴

deer
[dɪr][디어]

deer   deer   deer

ⓝ 다람쥐

squirrel
[ˈskwɜːrəl][스쿼:럴]

squirrel   squirrel   squirrel

ⓝ 낙타

camel
[ˈkæml][캐멀]

camel   camel   camel

ⓝ 염소

goat
[goʊt][고우트]

goat   goat   goat

ⓝ 늑대

wolf
[wʊlf][울프]

wolf   wolf   wolf

□ whale   □ sheep   □ polar bear   □ seal   □ mosquito

n 고래

whale
[weɪl][웨일]

whale   whale   whale

n 양

sheep
[ʃiːp][쉽:]

sheep   sheep   sheep

북극곰

polar bear
[ˌpoʊlɚ ˈber][포울러 베어]

polar bear   polar bear

n 바다표범

seal
[siːl][씰:]

seal   seal   seal

n 모기

mosquito
[məˈskiːtoʊ][모스퀴:토]

mosquito   mosquito   mosquito

227

오늘 배울 단어를 귀로 듣고 손으로 여러 번 쓰면서 확인하세요.

ⓝ 거미

spider
[ˈspaɪdə(r)][스파이더]

spider spider spider

ⓝ 바퀴벌레

cockroach
[ˈkɑːkroʊtʃ][칵:크로취]

cockroach cockroach

ⓝ 귀뚜라미

cricket
[ˈkrɪkɪt][크리킷]

cricket cricket cricket

ⓝ 반딧불이

firefly
[ˈfaɪərflaɪ][파이어플라이]

firefly firefly firefly

ⓝ 메뚜기

grasshopper
[ˈɡræshɑːpər][그래스하:퍼]

grasshopper grasshopper

ⓝ 사마귀

mantis

[mǽntis][맨티스]

mantis   mantis   mantis

ⓝ 나비

butterfly

[ˈbʌtərflaɪ][버터플라이]

butterfly   butterfly   butterfly

ⓝ 독수리

eagle

[ˈiːgl][이ː글]

eagle   eagle   eagle

ⓝ 부엉이

owl

[aʊl][아울]

owl   owl   owl

ⓝ 매

falcon

[ˈfælkən][팰컨]

falcon   falcon   falcon

🎧 오늘의 단어 CHECK

☐ magpie ☐ crow ☐ sparrow ☐ crane ☐ swallow

 오늘 배울 단어를 귀로 듣고 손으로 여러 번 쓰면서 확인하세요.

ⓝ 까치

magpie
[ˈmæɡpaɪ][맥파이]

magpie magpie magpie

ⓝ 까마귀

crow
[kroʊ][크로우]

crow crow crow

ⓝ 참새

sparrow
[ˈspæroʊ][스패로우]

sparrow sparrow sparrow

ⓝ 학

crane
[kreɪn][크레인]

crane crane crane

ⓝ 제비

swallow
[ˈswɑːloʊ][스왈:로우]

swallow swallow swallow

ⓝ 공작

peacock
[ˈpiːkɑːk][피ː콕ː]

peacock peacock peacock

ⓝ 앵무새

parrot
[ˈpærət][패럿]

parrot parrot parrot

ⓝ 거위

goose
[guːs][구ː스]

goose goose goose

ⓝ 비둘기

dove
[dʌv][도브]

dove dove dove

ⓝ 딱따구리

woodpecker
[ˈwʊdpekə(r)][우드페커]

woodpecker woodpecker

Week
11
12
13
14
15
16
17
18
19
20

231

오늘 배울 단어를 귀로 듣고 손으로 여러 번 쓰면서 확인하세요.

n 도마뱀

lizard
[ˈlɪzərd][리저드]

lizard lizard lizard

n 두꺼비

toad
[toʊd][토우드]

toad toad toad

n 올챙이

tadpole
[ˈtædpoʊl][태드포울]

tadpole tadpole tadpole

n 도롱뇽

salamander
[ˈsæləmændə(r)][샐러맨더]

salamander salamander

n 악어

crocodile
[ˈkrɑːkədaɪl][크라ː커다일]

crocodile crocodile crocodile

Week

11
12
13
14
15
16
17
18
19
20

🄝 거북이

turtle
[ˈtɜːrtl][터ː를]

turtle   turtle   turtle

🄝 뱀

snake
[sneɪk][스네익]

snake   snake   snake

🄝 지렁이

earthworm
[ˈɜːrθwɜːrm][얼ː쓰웜ː]

earthworm   earthworm

🄝 연어

salmon
[ˈsæmən][쌔먼]

salmon   salmon   salmon

🄝 문어

octopus
[ˈɑːktəpəs][악ː터퍼스]

octopus   octopus   octopus

🎧 오늘의 단어 CHECK

☐ squid   ☐ crab   ☐ shrimp   ☐ crawfish   ☐ catfish

오늘 배울 단어를 귀로 듣고 손으로 여러 번 쓰면서 확인하세요.

ⓝ 오징어

squid
[skwɪd][스퀴드]

squid   squid   squid

ⓝ 게

crab
[kræb][크랩]

crab   crab   crab

ⓝ 새우

shrimp
[ʃrɪmp][쉬림프]

shrimp   shrimp   shrimp

ⓝ 가재

crawfish
['krɔːfɪʃ][크라:피쉬]

crawfish   crawfish   crawfish

ⓝ 메기

catfish
['kætfɪʃ][캣피쉬]

catfish   catfish   catfish

n 상어

shark
[ʃɑːrk][샤ː크]

shark   shark   shark

n 해파리

jellyfish
[ˈdʒelifɪʃ][젤리피쉬]

jellyfish   jellyfish   jellyfish

n 조개

shellfish
[ˈʃelfɪʃ][쉘피쉬]

shellfish   shellfish   shellfish

n 불가사리

starfish
[ˈstɑːrfɪʃ][스타ː피쉬]

starfish   starfish   starfish

n 달팽이

snail
[sneɪl][스네일]

snail   snail   snail

01-06 우리말에 맞는 영어 단어가 되도록 빈칸에 알맞은 알파벳을 쓰세요.

01 까마귀 ⇨ | c | r | o | w |

02 참새 ⇨ | | p | | r | r | | w |

03 뱀 ⇨ | | n | | k | |

04 악어 ⇨ | | r | o | | o | d | i | l | |

05 염소 ⇨ | | o | |

06 나비 ⇨ | | u | t | | e | r | | l | y |

07-10 그림에 맞게 주어진 알파벳을 배열하여 영어 단어를 완성하세요.

07 ehesp

sheep

08 psimhr

09 irsquelr

10 alisn

11-15 우리말에 맞는 영어 문장이 되도록 둘 중 알맞은 단어를 고르세요.

11 세상에서 제일 큰 고래는 무엇인가요?

⇨ What is the largest (whale) / shark in the world?

12 불가사리들은 바다의 별이라고 불린다.

⇨ Shellfish / Starfish are called sea stars.

13 해파리 침은 위험할 수 있다.

⇨ A catfish / jellyfish sting can be dangerous.

14 문어는 다리가 여덟 개 있다.

⇨ A(n) octopus / squid has eight legs.

15 거북이는 얼마나 오래 삽니까?

⇨ How long do turtles / toads live?

16-20 우리말에 맞는 영어 문장이 되도록 빈칸에 알맞은 단어를 〈보기〉에서 찾아 쓰세요.

| 보기 | earthworm   spider   (goose)   eagle   peacock |

16 거위가 그것의 알 위에 앉아 있다.

⇨ The goose is sitting on its egg.

17 거미는 거미줄을 만든다.

⇨ A(n) _____ makes a web.

18 지렁이는 흙 속에서 산다.

⇨ A(n) _____ lives in the soil.

19 너는 공작새의 날개를 본 적이 있니?

⇨ Have you seen a(n) _____ 's feather?

20 흰머리 독수리는 미국의 상징이다.

⇨ The bald _____ is the symbol of America.

오늘의 단어 CHECK

☐ root ☐ rose of Sharon
☐ camellia ☐ cherry blossom ☐ morning glory

오늘 배울 단어를 귀로 듣고 손으로 여러 번 쓰면서 확인하세요.

ⓝ 뿌리

root
[ruːt][루ː트]

root   root   root

무궁화

rose of Sharon
[róuz ʌv ʃǽrən]
[로즈 업 쉐론]

rose of Sharon   rose of Sharon

ⓝ 동백꽃

camellia
[kəˈmiːliə][커밀ː리어]

camellia   camellia   camellia

벚꽃

cherry blossom
[ˈtʃeri bˌlɑːsəm][체리 블러ː썸]

cherry blossom   cherry blossom

나팔꽃

morning glory
[ˌmɔːrnɪŋ ˈɡlɔːri]
[모ː닝 글로ː리]

morning glory   morning glory

ⓝ 해바라기

sunflower
[ˈsʌnflaʊə(r)][썬플라워]

sunflower   sunflower

ⓝ 민들레

dandelion
[ˈdændɪlaɪən][댄디라이언]

dandelion   dandelion

ⓝ 강아지풀

foxtail
[fákstèil][팍스테일]

foxtail   foxtail   foxtail

ⓝ 소나무

pine
[páin][파인]

pine   pine   pine

ⓝ 은행나무

gingko
[ˈgɪŋkoʊ][징코우]

gingko   gingko   gingko

오늘 배울 단어를 귀로 듣고 손으로 여러 번 쓰면서 확인하세요.

ⓝ 아파트

apartment
[əˈpɑːrtmənt][아팟:먼트]

apartment   apartment

ⓝ 오두막집

hut
[hʌt][헛]

hut   hut   hut

하숙집

boarding house
[ˈbɔːrdɪŋ ˌhaʊs][보:딩 하우스]

boarding house

ⓝ 우편함

mailbox
[ˈmeɪlbɑːks][메일박:스]

mailbox   mailbox   mailbox

ⓝ 차고

garage
[gəˈrɑːdʒ][거라:쥐]

garage   garage   garage

Week

11
12
13
14
15
16
17
18
19
20

ⓝ 진입로

driveway

[dráivwèi][드라이브웨이]

driveway   driveway   driveway

ⓝ 굴뚝

chimney

[ˈtʃɪmni][침니]

chimney   chimney   chimney

ⓝ 계단

stairs

[steərz][스테얼스]

stairs   stairs   stairs

ⓝ 테라스

terrace

[ˈterəs][테러스]

terrace   terrace   terrace

ⓝ 창고

shed

[ʃed][쉐드]

shed   shed   shed

오늘 배울 단어를 귀로 듣고 손으로 여러 번 쓰면서 확인하세요.

ⓝ 옥상

rooftop rooftop rooftop

rooftop
['ruːftɑːp][루ː프탑ː]

ⓝ 현관

entrance entrance entrance

entrance
['entrəns][엔트런스]

ⓝ 지하실

basement basement basement

basement
['beɪsmənt][베이스먼트]

ⓝ 위층

upstairs upstairs upstairs

upstairs
[ˌʌpˈsterz][업스테얼스]

ⓝ 아래층

downstairs downstairs

downstairs
[ˌdaʊnˈsterz][다운스테얼스]

n 안마당 뜰

courtyard
[ˈkɔːrtjɑːrd][코:트야:드]

courtyard   courtyard

n 기둥

pillar
[ˈpɪlə(r)][필러]

pillar   pillar   pillar

n 울타리

fence
[fens][펜스]

fence   fence   fence

n 자물쇠

lock
[lɑːk][락:]

lock   lock   lock

n 가정부

housekeeper
[ˈhaʊskiːpə(r)][하우스키:퍼]

housekeeper   housekeeper

Week
11 12 13 14 15 16 17 18 19 20

🎧 오늘의 단어 CHECK

☐ rock-climbing

☐ fishing ☐ ski ☐ judo ☐ gymnastics

오늘 배울 단어를 귀로 듣고 손으로 여러 번 쓰면서 확인하세요.

ⓝ 암벽등반

rock-climbing
[ˈrɑːk ˌklaɪmɪŋ]
[락:클라이밍]

rock-climbing   rock-climbing

ⓝ 낚시

fishing
[ˈfɪʃɪŋ][피싱]

fishing   fishing   fishing

ⓝ 스키

ski
[skiː][스키:]

ski   ski   ski

ⓝ 유도

judo
[ˈdʒuːdoʊ][쥬:도]

judo   judo   judo

ⓝ 체조

gymnastics
[dʒɪmˈnæstɪks]
[짐내스틱스]

gymnastics   gymnastics

승마

horseback riding
[ˈhɔːrsbæk ˌraɪdɪŋ]
[홀:스백 라이딩]

horseback riding

탁구

table tennis
[ˈteɪbəl ˌtenɪs]
[테이블 테니스]

table tennis   table tennis

ⓝ 수영

swimming
[ˈswɪmɪŋ][스위밍]

swimming   swimming

ⓝ 권투

boxing
[ˈbɑːksɪŋ][박:씽]

boxing   boxing   boxing

격투기

martial arts
[ˌmɑːrʃəl ˈɑːrts][마:샬 아:츠]

martial arts   martial arts

오늘 배울 단어를 귀로 듣고 손으로 여러 번 쓰면서 확인하세요.

ⓝ (취미) 등산

hiking
[ˈhaɪkɪŋ][하이킹]

hiking hiking hiking

ⓝ 조정

rowing
[ˈroʊɪŋ][로잉]

rowing rowing rowing

ⓝ 사이클

cycling
[ˈsaɪklɪŋ][싸이클링]

cycling cycling cycling

ⓝ 요가

yoga
[ˈjoʊɡə][요가]

yoga yoga yoga

ⓝ 양궁

archery
[ˈɑːrtʃəri][아:처리]

archery archery archery

ⓝ 스노클링

snorkeling
[ˈsnɔːrkəlɪŋ][스노:클링]

snorkeling   snorkeling

줄넘기

jump rope
[ˈdʒʌmp ˌroʊp]
[점프 로우프]

jump rope   jump rope

ⓝ 뜀틀

vault
[vɑːlt][벌:트]

vault   vault   vault

역도

weight lifting
[ˈweɪtˌlɪftɪŋ][웨잇 리프팅]

weight lifting   weight lifting

ⓥ 탐험하다

explore
[ɪkˈsplɔːr(r)][익스플로:어]

explore   explore   explore

Week
11 — 12 — 13 — 14 — 15 — 16 — 17 — 18 — 19 — 20

247

01-06 우리말에 맞는 영어 단어가 되도록 빈칸에 알맞은 알파벳을 쓰세요.

01 뿌리 ⇨ r o o t

02 굴뚝 ⇨ ☐ h i m e ☐

03 울타리 ⇨ ☐ e ☐ c ☐

04 탐험하다 ⇨ ☐ x ☐ l o ☐ e

05 계단 ⇨ s ☐ a ☐ r ☐

06 민들레 ⇨ ☐ a ☐ d ☐ l i o n

07-10 그림에 맞게 주어진 알파벳을 배열하여 영어 단어를 완성하세요.

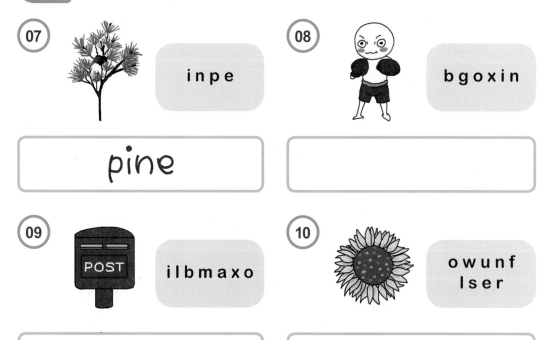

07 inpe

pine

08 bgoxin

09 ilbmaxo

10 owunf lser

11-15 우리말에 맞는 영어 문장이 되도록 둘 중 알맞은 단어를 고르세요.

11 나는 바다에 낚시하러 갈 것이다.

⇨ I will go (fishing / swimming) in the sea.

12 그는 옷을 갈아입기 위해 아래층으로 갔다.

⇨ He went (upstairs / downstairs) to change his clothes.

13 너는 집에서 이 요가 동작들을 연습할 수 있다.

⇨ You can practice these (judo / yoga) moves at home.

14 그들은 탁구를 치고 있다.

⇨ They are playing (table tennis / jump rope).

15 나는 봄에 자주 하이킹을 간다.

⇨ I often go (hiking / cycling) in spring.

16-20 우리말에 맞는 영어 문장이 되도록 빈칸에 알맞은 단어를 〈보기〉에서 찾아 쓰세요.

보기   archery   basement   gymnastics   (apartment)   entrance

16 너는 저 아파트에 사니?

⇨ Do you live that apartment ?

17 나는 그 집의 뒷문으로 들어갔다.

⇨ I entered the back _____ of the house.

18 한국의 양궁 팀은 세계에서 최고이다.

⇨ The Korean _____ teams are the best in the world.

19 나는 체조에서 금메달을 따고 싶다.

⇨ I want to win a gold medal in _____.

20 우리는 지하실에 오래된 물건을 보관한다.

⇨ We store old things in the _____.

Weekly Test 01

01 always
02 anger
03 answer
04 arrive
05 adventure
06 across
07 airport
08 adult
09 along
10 apple
11 afternoon
12 airplane
13 address
14 Add
15 about
16 accident
17 age
18 ago
19 again
20 agree

해석

07 공항
08 성인
09 ~ 따라서
10 사과

Weekly Test 02

정답

01 bicycle
02 balloon
03 because
04 battle
05 background
06 behind
07 bear
08 beef
09 aunt
10 birthday
11 bedroom
12 baseball
13 beach
14 become
15 big
16 bake
17 ask
18 between
19 bird
20 before

해석

07 곰
08 소고기
09 고모, 이모, 숙모
10 생일

Weekly Test 03

정답

01 blood
02 branch
03 bright
04 calendar
05 business
06 captain
07 candy
08 brown
09 bubble
10 brain
11 black
12 bottles
13 button
14 bring
15 busy
16 bread
17 brush
18 bridge
19 breakfast
20 borrow

해석

07 사탕
08 갈색(의)
09 거품
10 뇌

Weekly Test 04

정답

01 clever
02 condition
03 comedy
04 cloth
05 control
06 college
07 car
08 clock
09 castle
10 cloud
11 cold
12 chair
13 class
14 clean
15 cooking
16 city
17 coin
18 carrot
19 carry
20 classroom

해석

07 자동차
08 시계
09 성
10 구름

Weekly Test 05

정답

01 cross
02 dentist
03 danger
04 culture
05 diary
06 customer
07 dance
08 daughter
09 curtain
10 cotton
11 crying
12 country
13 decided
14 curious
15 corner
16 dinner
17 different
18 dirty
19 dish
20 delicious

해석

07 춤
08 딸
09 커튼
10 목화, 면직물

Weekly Test 06

정답

01 face
02 easy
03 dolphin
04 error
05 fantastic
06 factory
07 down
08 elephant
09 engineer
10 exercise
11 family
12 every
13 drink
14 early
15 failed
16 eraser
17 evening
18 famous
19 enter
20 enjoy

해석

07 아래로, 아래에
08 코끼리
09 기술자
10 운동, 연습

Weekly Test 07

01 frog
02 friend
03 forever
04 focus
05 gentleman
06 finger
07 garden
08 fog
09 farm
10 fight
11 fresh
12 forest
13 from
14 full
15 future
16 fever
17 forget
18 feel
19 fast
20 favorite

해석

07 정원
08 안개
09 농장
10 싸우다, 싸움

Weekly Test 08

정답

01 group
02 giant
03 great
04 heaven
05 ghost
06 handsome
07 glove
08 glue
09 grape
10 giraffe
11 goal
12 help
13 guess
14 habit
15 heavy
16 hair
17 grow
18 glass
19 grass
20 headache

해석

07 장갑
08 접착제
09 포도
10 기린

Weekly Test 09

정답

01 hill
02 kitchen
03 hold
04 human
05 hurry
06 honey
07 horse
08 hospital
09 hour
10 jeans
11 kind
12 history
13 homework
14 job
15 hungry
16 hobby
17 invite
18 important
19 introduce
20 Keep

해석

07 말
08 병원
09 시간
10 청바지

Weekly Test 10

01 math
02 light
03 memory
04 lunch
05 library
06 knife
07 lion
08 mirror
09 marry
10 letter
11 late
12 long
13 meet
14 many
15 make
16 learn
17 map
18 listen
19 luck
20 like

해석

07 사자
08 거울
09 결혼하다
10 편지

Weekly Test 11

정답

01 only
02 number
03 north
04 museum
05 mouth
06 newspaper
07 movie
08 monkey
09 mother
10 mouse
11 nose
12 nature
13 noon
14 old
15 on
16 name
17 now
18 morning
19 often
20 night

해석

07 영화
08 원숭이
09 어머니
10 쥐

Weekly Test 12

정답

01 queen
02 prize
03 place
04 peace
05 parent
06 question
07 paint
08 rainbow
09 present
10 rabbit
11 park
12 pushing
13 quiet
14 ready
15 pay
16 pass
17 pocket
18 picture
19 problem
20 play

해석

07 페인트, 페인트칠하다
08 무지개
09 선물, 선물하다
10 토끼

Weekly Test 13

정답

01 same
02 skin
03 science
04 right
05 season
06 short
07 skirt
08 scissors
09 sleep
10 river
11 sale
12 restroom
13 safe
14 show
15 roof
16 remember
17 return
18 save
19 sick
20 shy

해석

07 치마
08 가위
09 자다
10 강

Weekly Test 14

정답

01 sugar
02 stone
03 taste
04 study
05 space
06 student
07 spoon
08 tail
09 store
10 subway
11 smell
12 small
13 talking
14 starts
15 standing
16 teach
17 speak
18 strong
19 street
20 sour

해석

07 숟가락
08 꼬리
09 가게
10 지하철

Weekly Test 15

정답

01 travel
02 textbook
03 thirst
04 voice
05 understand
06 tonight
07 tiger
08 train
09 umbrella
10 triangle
11 tomorrow
12 under
13 This
14 wakes
15 there
16 think
17 use
18 touch
19 visit
20 very

해석

07 호랑이
08 기차
09 우산
10 삼각형

Weekly Test 16

01 wind
02 weight
03 welcome
04 wedding
05 watermelon
06 weather
07 zebra
08 yellow
09 window
10 write
11 worked
12 Who
13 world
14 Where
15 weekend
16 want
17 wrong
18 wear
19 yesterday
20 watch

해석

07 얼룩말
08 노란색(의)
09 창문
10 쓰다

Weekly Test 17

정답

01 niece
02 grandson
03 elbow
04 cheek
05 brutal
06 waist
07 nail
08 burp
09 sneeze
10 shoulder
11 negative
12 proud
13 lung
14 sociable
15 passive
16 ankle
17 generous
18 knee
19 nephew
20 confident

해석

07 손톱
08 트림
09 재채기
10 어깨

Weekly Test 18

정답

01 law
02 essay
03 blackboard
04 tuition
05 cheating
06 chemistry
07 ruler
08 sigh
09 tear
10 yawning
11 mechanical pencil
12 turn on
13 take off
14 astronomy
15 graduation
16 laugh
17 conversation
18 pencil case
19 throw
20 scholarship

해석

07 자
08 한숨
09 눈물
10 하품

Weekly Test 19

정답

01 crow
02 sparrow
03 snake
04 crocodile
05 goat
06 butterfly
07 sheep
08 shrimp
09 squirrel
10 snail
11 whale
12 Starfish
13 jellyfish
14 octopus
15 turtles
16 goose
17 spider
18 earthworm
19 peacock
20 eagle

해석

07 양
08 새우
09 다람쥐
10 달팽이

Weekly Test 20

정답

01 root
02 chimney
03 fence
04 explore
05 stairs
06 dandelion
07 pine
08 boxing
09 mailbox
10 sunflower
11 fishing
12 downstairs
13 yoga
14 table tennis
15 hiking
16 apartment
17 entrance
18 archery
19 gymnastics
20 basement

해석

07 소나무
08 복싱
09 우편함
10 해바라기